La libreta

D1706988

La libreta

Los diez hábitos que construyen
a la gente extraordinaria

Xesco Espar

Plataforma
Editorial

Primera edición en esta colección: septiembre de 2020

© Xesco Espar, 2020
© de la presente edición: Plataforma Editorial, 2020

Plataforma Editorial
c/ Muntaner, 269, entlo. 1ª – 08021 Barcelona
Tel.: (+34) 93 494 79 99 – Fax: (+34) 93 419 23 14
www.plataformaeditorial.com
info@plataformaeditorial.com

Depósito legal: B 14161-2020
ISBN: 978-84-17376-82-6
IBIC: VS

Printed in Spain – Impreso en España

Diseño de portada:
Javier Martín (Uncial, diseño gráfico)

Fotocomposición:
Grafime

El papel que se ha utilizado para imprimir este libro proviene
de explotaciones forestales controladas, donde se respetan
los valores ecológicos, sociales y el desarrollo sostenible del bosque.

Impresión:
Romanyà Valls
Capellades (Barcelona)

Para Pol, Anni y Clara.
Los instantes que compartimos escriben
las mejores páginas de la libreta de mi vida.

Índice |

Prólogo |

Este libro contiene varios libros dentro.

Algunos son evidentes al lector, otros están en los diferentes niveles de lectura.

Pero hay uno que no está escrito. Se escribe en la mente de cada lector a medida que lo lee y lo hace suyo. Ese es el mejor libro.

Puede aplicar el libro a su vida pública o a su vida privada. En ambos casos se beneficiará de ello.

Pero solo permeará en su vida secreta cuando siga los pasos sutiles que, sin estar escritos, se desvelan en el libro.

Esos pasos cambiaron mi vida y la de decenas de jugadores que entrené.

Ahora cambiarán la suya.

1.
Adiós

Desde primeras horas de la mañana ya había decidido dejarlo. Pensó en ir al vestuario a las doce del mediodía, recoger la ropa y llamar al entrenador por la tarde. Se acabó. «Tampoco soy tan bueno–pensó–. Hace tres partidos que no juego y en los dos últimos estuve penoso. No me extraña que el entrenador no confíe en mí. Ni siquiera yo confío en mí mismo.»

Pol, la joven promesa y estrella del equipo de fútbol de su ciudad, venido súbita y aceleradamente a menos, estaba abatido.

¡Qué diferentes eran ahora las cosas respecto a tan solo un mes antes!

Cuando en junio de la temporada anterior le dijeron que estaría con el equipo de fútbol profesional de su ciudad, Barcelona, pensó que por fin se habían cumplido sus sueños.

Ya había visto que algunos de sus compañeros llegaban al equipo profesional, pero al año siguiente causaban baja. «Eso no me ocurrirá a mí –pensaba–. Yo lucharé por mi sitio, soy mejor que ellos y soy humilde trabajando.» Así que cuando lo llamaron pensó que se lo merecía.

Su charla con el entrenador del primer equipo estuvo muy bien.

—Tienes talento y actitud –le dijo–. Las bases de un gran jugador. Quiero que estés con nosotros el año que viene, así que recoge el trabajo de verano que tienen todos los jugadores y te quiero aquí en la pretemporada.

El veterano entrenador lo miró con atención, espiando la reacción que sus palabras tenían en el joven a medida que su significado iba calando.

—Puedes tomarte quince días de vacaciones –prosiguió–, pero para el resto de los días tienes trabajo físico para ponerte al nivel de tus compañeros y para que cuando vengas puedas entrenar a buen ritmo.

Veloz y potente por todo el trabajo de las vacaciones, Pol estuvo muy bien en la pretemporada. Cualquier entrenamiento físico le parecía perfecto. No en vano se pasó todo el verano preparándose como un loco. Del plan que le dieron decidió hacer exactamente el doble. «Si trabajo más que los demás, llegaré mejor que ellos y podré destacar», pensó. Así que con esta premisa no fue extraño que, cuando empezaron los entrenamientos, fuese de los primeros en todo.

Ese gran esfuerzo del verano le valió para que en los primeros partidos amistosos el entrenador lo pusiese a jugar algunos minutos y, aunque no marcó ningún gol, su rendimiento fue muy esperanzador.

Su motivación seguía alta durante la semana anterior al primer partido de liga. Sus ojos se encendieron cuando se acercó al papel que contenía la lista de los jugadores convocados para el primer partido de liga, que estaba pegado en la puerta del vestuario, y vio que su nombre estaba escrito en él.

Pol empezó el partido en el banquillo, pero, con el encuentro empatado y a falta de veinticinco minutos, el entrenador le ordenó calentar. A los cinco minutos lo llamó para darle instrucciones.

–Quedan veinte minutos y el otro equipo está cansado. Tú estás fresco y con buena condición física, así que este puede ser tu momento.

Salió a jugar y, cuando faltaban diez minutos para el final, recuperó un balón en el centro del campo y se escapó en solitario hacia el área del equipo contrario. Cuando se le acercó el portero en una salida desesperada, cedió la pelota ligeramente hacia atrás para que Johan, el capitán, marcase el gol de la victoria.

No estuvo mal para ser su primer partido.

Pol hizo buenos entrenamientos la siguiente semana. Cada día sorprendía a todos con un pase nuevo, un regate nuevo o un nuevo remate. Así las cosas, el entrenador decidió colocarlo en el once inicial en el segundo partido del campeonato. Aunque no fue un partido difícil, Pol marcó dos de los cuatro goles que dieron la victoria al equipo.

Dos partidos, dos victorias. El equipo iba viento en popa.

En el tercer partido salió otra vez de titular y marcó otro gol.

En el cuarto se repitió la historia. Otra vez en el equipo inicial y partido repleto de acciones sorprendentes y espectaculares de Pol. Un gol y una asistencia ayudaron al equipo en la victoria.

En tan solo cuatro partidos se había convertido en el jugador de moda.

Ahora se daba cuenta de lo que implicaba estar en el equipo profesional, jugar y marcar goles. Parecía que volaba subido a una nube. De no ser nadie, ahora estaba en las entrevistas, en los periódicos, en la radio...

Estaba acabando el mes de septiembre de 1977 y en pocas semanas se había convertido en alguien famoso. Periódicos deportivos, periódicos generales, televisión, radio, incluso las grandes voces del periodismo deportivo ya lo vendían como la nueva promesa del fútbol.

El fútbol es así: cuatro buenos partidos y unos cuantos goles y ya eres un ídolo.

Sus paseos por las calles del centro de Barcelona se habían convertido en algo imposible. «La Champions, la Champions. Este año, Pol, queremos la Champions», era la petición y la exigencia que le planteaban los aficionados, deseosos de lucir por fin la ansiada Copa de Europa en el museo del club.

También era el sueño de Pol.

Aunque solo había jugado cuatro partidos buenos, parecía que hasta la selección nacional iba detrás de él.

Su rutina diaria había cambiado totalmente. Por las mañanas se levantaba e iba a entrenar. Después de comer, un rato de siesta y salía de compras. Su nuevo contrato le permitía hacer algún dispendio por encima de la media: coche nuevo, nueva televisión, un piso para él sin sus padres. También cenar fuera se había convertido en un privilegio y, por suerte o por desgracia, en un hábito. Su fama le permitía ir a los mejores restaurantes sin reservar: «Siempre tenemos una mesa para ti», le decían.

Se sentía imparable, se sentía invencible. Incluso le parecía que podía volar.

Sin embargo, nada es para siempre.

Todo se precipitó cuesta abajo sin apenas darse cuenta. Creyendo que esa inercia iba a durar eternamente, no reparó en que su concentración e intensidad en los entrenamientos iba en disminución. Posiblemente por esto, en el quinto partido no le salió ningún regate bueno y perdió varios balones comprometidos. Al final, el partido acabó en empate. Él no estuvo demasiado bien, pero lo cierto es que los demás tampoco.

La situación no mejoró en el sexto partido. En realidad, empeoró. La primera parte, que jugó Pol, fue la peor de toda la temporada, así que en el descanso el míster decidió sustituirlo por Jimmy, un jugador veterano que aprovechó la situación para ponerlo nervioso.

Justo en el momento en que se cruzaron en el centro del campo y se chocaron la mano, Jimmy le soltó a Pol:

—Mira, chaval, y aprende a jugar en serio.

Pol se sorprendió, pero no le dio mayor importancia.

A partir de ese momento, todo se aceleró hacia abajo a la misma velocidad con que había ascendido: primero dejó de ser titular y después dejó de ir convocado. Del subidón de la fama al vértigo de la miseria solo lo separaron un par de semanas.

El entrenador todavía lo convocó para el séptimo partido, aunque no jugó ni un minuto, pero, al llegar el octavo, su nombre ya no apareció en la lista.

Ni en el noveno, ni en el décimo.

La sensación de euforia se había transformado en decepción hacia sí mismo y hacia los demás. Ya no tenía ganas de salir de compras, aunque de vez en cuando salía a cenar.

Ya no era lo mismo. Iba a los entrenamientos de mala gana, lo que le valió algunas reprimendas del entrenador y especialmente del capitán, Johan, que fue especialmente duro con él en la última semana.

Así que, decepcionado y abatido, decidió dejar el equipo.

¿Abatido?

Abatido era poco.

Pol, la joven promesa y estrella del equipo de fútbol de su ciudad, venido súbita y aceleradamente a menos, estaba completamente hundido.

2.
La libreta

Esa mañana, después de tomar la decisión de dejar el equipo, Pol arrancó su coche y se dirigió hacia el Instituto de Estudios Norteamericanos. Su padre, nacido y residente entonces en los Estados Unidos por motivos profesionales, le había dicho que fuera a visitarlo en verano y las clases en el IEN mantenían alto su nivel de inglés. Pero para eso faltaba prácticamente todo un año. Posiblemente el año más importante en la vida de Pol hasta ese momento.

Pensando en cómo recogería sus cosas del vestuario y hablaría con el míster, Pol se distrajo y se saltó la puerta del *parking* que había al lado del Instituto. Dar la vuelta a la manzana para entrar en él le supuso un retraso de unos diez minutos. Subió en ascensor hasta el cuarto piso, llamó educadamente a la puerta con los nudillos, la entreabrió y miró a Dave, su profesor, en espera de un gesto de aprobación para entrar.

Dave le hizo un ademán con la mano para que entrase, pero, antes de que llegase a sentarse, le recriminó:

—Como haces una cosa, así lo haces todo, Pol. Cada día

es tu vida en miniatura. Tal como te tomas los días, así te tomas la vida.

–¿En serio lo crees? –replicó Pol–. Para las cosas que me interesan estoy más que dispuesto.

–Quizás en lo que te interese, durante el tiempo que puedas prestar atención y concentración, puedas mantener un nivel superior de atención –reconoció Dave–, pero tus hábitos te devolverán rápidamente a cómo eres en realidad. Cómo vives tu vida de ordenada o desordenada, el respeto que demuestras hacia los demás y otros muchos detalles que muestran cómo eres y cómo reaccionas.

Pol nunca había pensado en ello. Pero tenía lógica.

–Estaba a punto de explicar el trabajo de este curso –siguió Dave–. Siéntate y escucha.

Y le guiñó un ojo para quitarle hierro al asunto.

–Vuestra tarea va a ser la siguiente. Como estamos en el curso de Escritura Avanzada, quiero que escribáis un diario con las cosas que os pasan.

–¿Un diario? –preguntó Gina, una de sus compañeras de clase.

–Sí, un diario –repitió Dave–. No tiene por qué ser cada día, pero quiero que viváis la vida con curiosidad y atención y que intentéis descubrir en las cosas que os pasan en vuestro día a día los aprendizajes ocultos que la cotidianidad nos ofrece.

Dejó que las palabras fueran calando en sus alumnos, que se miraban entre sorprendidos y asustados ante la tarea que les estaba planteando.

–Ahora veréis –siguió–. ¿A alguien le ha ocurrido algo raro esta semana? –preguntó a la clase.

Ricky levantó la mano.

–Bueno, es el inicio del curso y me acabo de matricular en la universidad. Me ha tocado el grupo de tarde porque me matriculé el último día. No pensé que los grupos se iban a llenar y creía que tenía tiempo, pero la verdad es que dejarlo para el final me ha fastidiado porque por las tardes tenía un pequeño trabajo y tendré que dejarlo.

–Pero podrás venir con nosotros a la clase de las mañanas –le consoló Enzo, el compañero más chistoso del grupo. Todos rieron.

–Sí, claro, siempre hay puntos de vista positivos. Me gusta que penséis así –los animó Dave–. ¿Y qué has aprendido de la situación?

–¡Pues que tengo que aguantarme! Y que es injusto que no pueda ir por las mañanas –se lamentó Ricky amargamente–. Iré a quejarme mañana y pediré el traslado a un grupo de mañana.

–Es decir, no has aprendido nada –replicó Dave metiendo el dedo en la llaga–. En vista de lo que ha ocurrido, ¿no vas a cambiar tu manera de pensar acerca de los plazos de tiempo?

–¿Te refieres a cuando tenga un plazo para hacer algo? –preguntó Ricky–. Hombre, pues sí, que no debo dejar las cosas para el final. Si lo hago al principio, puede que tenga mejores opciones que si me espero al final.

–Exacto. Eso es lo que quiero que expliquéis en el diario –recalcó Dave–. Cómo una situación que os ocurre os puede enseñar para que en el futuro las cosas sean diferentes y mejores.

—¡Ah! Vale, entiendo —dijo Ricky.

—Pero, cuidado, entender no es aprender, así que quiero que deis un paso más —exigió Dave—. Quiero que detalléis lo que podéis hacer para mejorar.

Ahora las caras reflejaban pánico ante la aparente enormidad de lo que les estaba exigiendo.

—Cuando escuchas y prestas atención, entiendes las cosas, pero solo aprendes cuando lo puedes enseñar —sentenció Dave—. Así que quiero que en ese cuaderno capturéis las cosas que aprendéis en vuestro día a día y que les deis vuestra visión especial, qué es lo que os inducen a pensar, a hacer, y que lo redactéis como si lo estuvieseis explicando a alguien. Esa será vuestra tarea de este año.

—Guay —soltó Lily, la optimista del grupo, mirando hacia arriba, como si ya estuviese viendo lo que iba a escribir.

—Pero eso no es todo —siguió Dave, que no estaba dispuesto a ponérselo tan fácil a sus alumnos—. Ricky ha dicho lo que no tiene que hacer, esperar hasta el último minuto, pero eso no es *lo que hay que hacer*, sino *lo que no hay que hacer*.

—Bueno... —fue la exclamación generalizada.

—Además de la redacción, quiero que hagáis dos listas: una de las cosas que HACER y otra de las que NO HACER. En cada lista debería haber por lo menos una acción. Eso completará vuestro aprendizaje.

Dave dejó que se alargase el silencio sepulcral que había caído sobre sus alumnos.

—¿Y hay que hacerlo en inglés? —preguntó Albert, el despistado de la clase.

El silencio que siguió se rompió con el estallido de una gran carcajada por parte de toda la clase.

—*Obviously* —respondió Dave—. *This is Advanced Writing.*

3.
El encuentro

El vestuario olía a limpio. Como cada martes, la ropa de todos los jugadores estaba ordenada en cada una de las taquillas y por eso no le costó recoger la suya. No recogió sus botas. «Total, no las voy a necesitar más», pensó, y empezó a hacer con desgana la lista mental de la gente a la que le regalaría las piezas de ropa que estaba metiendo en las bolsas de deporte. Cabizbajo, se dirigió a la puerta, y seguramente por eso no vio llegar a Johan, el capitán, que tantas broncas le había lanzado en los últimos partidos.

−¿Qué haces? ¿Adónde vas con esas dos bolsas? −le preguntó.

−Me voy −respondió Pol escueto.

−¿Cómo que te vas? −volvió a preguntar Johan, perplejo.

−Que me voy. Esto no es lo mío −explicó Pol.

Johan lo miró atónito. No se lo podía creer.

−Anda, siéntate ahí y no digas tonterías −le ordenó Johan−. ¿Qué es exactamente lo que te ocurre?

−Mira, la ilusión de mi vida era jugar con este equipo −le soltó−. Desde pequeño luché cada día, cada entrenamiento…, y obtuve el premio de llegar al primer equipo. –Respiró hondo antes de seguir–. ¡Incluso mis cuatro primeros partidos me salieron redondos! ¡Marqué cuatro goles!

Pol levantó la cabeza para mirar a Johan, que lo animó a continuar.

–Pero en estos últimos encuentros no he dado ni una a derechas –reconoció–. Los regates me salen mal. No me posiciono bien en el campo y he sido sustituido en cada partido, menos en los tres últimos, en los que ni siquiera he jugado. El entrenador ha dejado de prestarme atención.

Le costaba pronunciar cada una de estas palabras, que marcaban los pasos de su fracaso en el equipo, pero tomó fuerzas para seguir.

–Seguramente mis amigos estarán pensando que no soy tan bueno como me creía y se estarán riendo de mí y, no lo sé…, me estoy hundiendo y creo que es mejor dejarlo ahora.

Levantó la mirada y, con la vista fija en Johan, soltó algo que creía que jamás le diría a uno de sus ídolos:

–Incluso tú me has pegado un par de broncas últimamente que me han dejado helado. ¿Por qué no te caigo bien?

Johan lo miró sorprendido y sacudió un par de veces la cabeza.

–Pero ¡si me caes bien! –respondió–. ¿Por qué crees lo contrario?

–Pues porque me has reñido a menudo en los últimos partidos. –Y le recordó uno en especial.

–Que te riña no significa que no me caigas bien –le explicó Johan–. De hecho, no tendrías que caerme de ninguna

manera, esto es un equipo profesional y venimos a trabajar
–le recordó–. A disfrutar también, pero esto es muy serio.
Si no te tuviese aprecio, no te diría nada, pero si te corrijo,
es porque te aprecio.

Pol lo miró extrañado. «Si se mete conmigo es porque
cree que soy importante», pensó.

–Mira, te voy a ser sincero –continuó Johan–. Eres un
chico con talento, no se puede negar. Incluso cuando llegaste pensé que podías ser muy grande. Llegabas lleno de
ilusión y lo dabas todo en cada entrenamiento. ¿Por qué te
crees que jugabas tan bien? Todo parecía automático, ¿no?

Pol asintió, callado, pero seguía pensando en lo que le
había dicho acerca de que le caía bien.

–Sin embargo, al cabo de un mes, y aunque no te diste cuenta, empezaste a entrenar con menos intensidad. Era
como si ya te sintieses uno más del equipo y no tuvieses
que demostrar nada en el entrenamiento. ¿Y sabes una cosa?
Todos tenemos que demostrar cada día lo que valemos. No
solo de vez en cuando.

Dejó que las palabras hiciesen su efecto en el cabizbajo
Pol, que no tuvo más remedio que reconocer internamente
que Johan había dado en la diana.

–Esto les ocurre a todos los jóvenes que llegan al primer
equipo. Hacen un gran esfuerzo para ser muy buenos, pero
cuando están aquí creen que ya lo tienen. Piensan que han
llegado por lo buenos que son y no por la gran cantidad de
trabajo que le han puesto…, y por supuesto que son buenos…, si no, no habrían llegado, pero eso no es lo que los

hace llegar…, sino el enorme esfuerzo, dedicación y pasión que le han puesto.

«Trabajo, esfuerzo y pasión –pensó Pol–. Lo que ahora he perdido.»

–En el momento en que se detienen en ese esfuerzo, dejan de usar el talento, dejan de progresar y se estancan –siguió Johan sin dar tregua–. No es que fallen un día, es una situación progresiva en la que poco a poco y sin darse cuenta dejan de entrenar al máximo. Los beneficios de estar en este equipo empiezan a distraerlos, sus amigos empiezan a reclamar más y más su atención, llegan despistados al entrenamiento… Además, piensa que los informes con tus mejores jugadas, regates, pases… empiezan a correr. Los rivales ya te conocen y, si no sigues progresando, es imposible volver a jugar. Ya no te mereces estar ahí.

Pol soltó un suspiro. Con lo que le había costado tomar la decisión, sentía que ahora no podía echarse atrás. Pero, por otra parte, Johan tenía razón en lo que le había dicho. Las entrevistas, las cenas, los autógrafos, era cierto que su atención se había desplazado más hacia lo que había fuera del campo que a lo que hacía en los entrenamientos.

–Ya –reconoció Pol–. Se juega como se entrena y, si no entreno bien, no voy a jugar bien.

–Mira, Pol, el problema no es tanto lo bien que juegues, sino lo mal que puedes llegar a hacerlo. La motivación y la excitación del día del partido suelen hacer que todos juguemos un poquito mejor de lo que entrenamos, sin embargo, el problema viene si las cosas no salen bien.

–¿Por qué? –preguntó Pol.

–Pues porque lo peor que vamos a jugar es lo peor que nos permitimos entrenar –le explicó Johan–. Y eso no depende del míster solamente. Depende de cada uno de nosotros.

–Entonces, ¿qué hago? –le pidió Pol, completamente perdido después de la clase magistral del capitán.

–Lo primero, deja esa ropa donde estaba –le indicó cariñosamente Johan–. Después vete a dar un paseo y escucha un rato tu música favorita. Piensa en los días en que entrenaste mejor y con ese ánimo vuelve a entrenar esta tarde.

Pol lo vio claro. Lo entendió. Volvió a colocar la ropa en su sitio y se fue a dar un paseo por los alrededores del campo de entrenamiento.

Hacía un día perfecto de otoño en Barcelona. Lucía el sol en un cielo azul y limpio por la lluvia del día anterior. Hacía fresco, pero al sol se estaba bien. Se acercó hasta la Barceloneta a comer y paseó descalzo por la playa un buen rato mientras pensaba en las palabras de Johan.

Iba a darse otra oportunidad.

4.
Ambición

Esa tarde Pol llegó un buen rato antes que los demás. Cuando entró en el vestuario solo estaba Sebastián, el fisioterapeuta, al que todos llamaban Sebas, preparando las cremas para tratar a los jugadores. Un fuerte olor parecido al eucalipto invadía la sala de masajes.

Pol se empezó a poner la ropa de entrenamiento mientras pensaba en que todo podía haberse acabado esa mañana si no se hubiera encontrado con el capitán. Ahora estaba contento de haberle hecho caso.

Al salir al campo de entrenamiento procuró calentar mejor que nunca. Enseguida el míster los llamó, les explicó el entrenamiento y cedió la palabra al preparador físico para empezar.

Al iniciar la parte de preparación física, Johan se puso el primero para realizar el ejercicio, como siempre, y Pol, segundo, que era su posición habitual para ver cómo lo hacía el primero.

Johan dio un paso al lado y se salió de la fila para colocarse detrás de Pol.

–Toma la iniciativa –le ordenó.

Pol no se atrevió a desobedecer la indicación del capitán y se quedó donde estaba, pero al iniciar el ejercicio se equivocó porque no había prestado demasiada atención a la explicación del preparador físico, lo que le costó una buena regañina por parte del entrenador y unas cuantas burlas de sus compañeros.

A partir de ese momento, para Pol el entrenamiento no fue a mejor. Johan volvió a brillar como siempre: siempre estaba dispuesto a ser el primero en todo y era uno de los que se esforzaban más.

Al salir del vestuario después del entrenamiento, Johan se hizo el remolón para coincidir con Pol en el pasillo.

–Eh, Pol, ¿te apetece tomar algo?

Pol, todavía apesadumbrado por cómo había ido el entrenamiento, aceptó. Una vez sentados en la mesa de la cafetería, Johan tomó la iniciativa:

–Disculpa por ponerte en evidencia durante el entrenamiento, pero lo he hecho a propósito. Me ha parecido que no escuchabas al preparador físico cuando explicaba el ejercicio y eso no puede ser.

–Da igual lo que haga –replicó Pol con un suspiro–. Todas las broncas me las gano yo. Creo que el entrenador me tiene manía –concluyó totalmente convencido.

–¿Tú crees? –replicó Johan con escepticismo–. ¿De verdad crees que el entrenador tiene algo personal contra alguno de nosotros? –Le dio un sorbo al café para esperar que sus palabras calaran en Pol–. Mira, te voy a explicar cómo funciona esto: si perdemos un partido, pero tú o yo jugamos bien, más o menos podemos salvarnos, pero ¡el entrenador solo gana si el equipo gana!

«Ya, bueno, vale, pero siempre recibo yo», pensaba Pol sin levantar la vista del vaso.

—Por eso —siguió Johan—, el entrenador nunca hará nada que vaya contra el equipo.

—¿Entonces…? —preguntó Pol mientras levantaba las manos y miraba a Johan a los ojos.

—En lo que te acabo de explicar está la respuesta, si estás dispuesto a escucharla —lo desafió Johan.

—Adelante —en cualquier caso, pensó Pol, no tenía nada que perder.

—¿Seguro?

—¡Claro!

—Solo hay una regla, y es muy sencilla —le explicó Johan con una expresión muy seria en la cara—: Nunca dejes el entrenamiento sin que el entrenador te haya felicitado dos veces.

—¿Cómo? —replicó Pol desconcertado.

—La única razón por la que no estás en el equipo es porque el entrenador no te ve como un ganador —le aclaró el capitán—. Él cree que con otro jugador hay más posibilidades de ganar.

—Pero ¡si yo juego mucho mejor que mi sustituto! —exclamó Pol indignado.

—Eso no importa a la hora del partido. Jugar, competir y ganar son cosas diferentes.

Johan volvió su atención al café, que se estaba quedando helado en la taza, y dio un sorbo mientras no dejaba de observar el efecto de sus palabras en el rostro de Pol.

–Jugar es jugar, como los niños cuando juegan en las plazas o calles del pueblo –reanudó su explicación–. Juega mejor el que más talento tiene. Pero competir es diferente. Competir significa esforzarte en cada momento para ser mejor que el otro. Y eso no solo requiere talento, también requiere corazón.

–¿Y ganar?

–¡Oh! ¡Ganar! –La mirada de Johan se perdió de repente en los recuerdos de las victorias que habían marcado su carrera–. ¡Para eso hay que ser valiente! Salir a ganar requiere coraje y agallas –recalcó con firmeza–, para querer ganar hay que estar dispuesto a perder. Y eso a la gente le da miedo. La gente cree que perder es lo contrario de ganar.

–¿Y no es así? –volvió a preguntar Pol, que no salía de su asombro.

–Lo parece, pero no lo es –recalcó Johan–. Pero, si solo lo ves así, muchas veces vas a pensar que, si las posibilidades de ganar no son altas, es mejor no hacer nada y no perder, así te imaginas que en algún momento futuro harás algo importante. –Volvió su atención al café, pero decidió que no valía la pena–. Pero eso ya te lo explicaré otro día, de momento concéntrate en lo que te acabo de decir.

–¿Lo de que el entrenador me felicite? –quiso aclarar Pol.

–Exacto.

–¿Y si no me felicita?

–Entonces es que tu nivel de exigencia todavía no concuerda con la exigencia del entrenador –le explicó Johan.

–¿Y entonces?

–Vuelve al día siguiente con el doble de intensidad. En el calentamiento, en cada ejercicio, en cada momento. Lucha más que nadie y empezarás a ser visible para el entrenador, porque ahora mismo, y lo siento porque a veces la verdad duele, eres invisible. –Johan vio que la idea iba calando poco a poco en Pol.

–¿Seguro?

–Tú pruébalo –lo desafió Johan–. Aunque no es de los que felicitan fácilmente, alguno de los ayudantes le dirá: «¿Has visto a Pol? No está en el equipo, pero está yendo a todas, más que ninguno otro. Está claro que quiere jugar».

Johan dejó pasar unos segundos para que Pol entendiera lo que le acababa de decir.

–Si no tienes ambición, solo tienes lo que los demás quieran darte –prosiguió con su explicación–. Así solamente jugarás los partidos amistosos y el año que viene estarás fuera del equipo, como les ha pasado a la mayoría de los compañeros que vinieron otros años. Llegaron aquí y se les acabó la ambición. Creyeron que lo tenían, pero en realidad lo que tenían era una oportunidad para demostrar lo que realmente merecían. Tienes que luchar por ser titular y, aunque no lo consigas, ese trabajo va a movilizar tu talento y eso te hará mejorar y crecer. Ese es el auténtico sentido de la ambición.

Empezaba a tener la sensación de estar dando una conferencia, pero sabía que ahora no se podía detener.

–Ser ambicioso es simplemente querer ser mejor cada día –siguió–. Quizás no puedas ser mejor que alguien a corto plazo, pero, si te concentras en ser un poco mejor cada día, aunque sea intentar entrenar un 5 % mejor que ayer, ya estás progresando, y eso sí que solo depende de ti. –La pasión dominaba cada vez más en su voz–. La competición de la ambición es contra ti mismo y es la única manera de mantenerte en este equipo. En el momento en que pierdes la ambición, dejas de esforzarte y sin esfuerzo el talento mengua. La mejor manera de mantener lo que has conseguido es ir a buscar el siguiente nivel.

–Creo que te entiendo –le dijo Pol.

–Si quieres seguir jugando, tienes que seguir creciendo. Si quieres jugar siempre, tendrás que crecer.

Pol quedó fascinado por la claridad de ideas de Johan. Siempre lo había admirado como jugador, pero ahora empezaba a entender por qué era tan grande como líder de todos los equipos en los que había jugado.

Esa noche, en casa, una vez que hubo cenado, pensó: «Es interesante lo que me ha explicado hoy Johan; creo que voy a empezar mi diario de inglés con una reflexión sobre lo que me ha dicho el capitán».

Abrió la libreta de color rojo en la que había decidido hacer su tarea y, después de pensar cinco minutos, empezó a escribir.

AMBICIÓN

Quiero ser mejor cada día.

No me importa lo que los demás piensen de mí. No me importan los obstáculos que me pongan por delante. Nadie va a decidir hasta dónde voy a llegar porque sé que eso depende principalmente de mí.

Ser ambicioso no es querer ser mejor que los demás, sino ser mejor yo mismo cada día. Significa superar, cada día, el día anterior. Ahora veo que, en la vida, podemos tener lo que queramos si estamos dispuestos a pagar un único precio: crecer. Y yo estoy dispuesto a pagarlo.

La ambición no es una competición por un trofeo. Ser ambicioso supone inventar nuevos escenarios y nuevos logros que los demás no ven; nuevos lugares adonde ir. Ser creativo en los objetivos y asombrar al mundo con mi talento. Todos tenemos un talento especial, pero solo lo encontraremos cuando nos enfrentemos a un reto lo suficientemente grande para ponerlo todo en juego y obligarlo a que se revele.

A veces es un reto y a veces es una decepción, pero estoy comprometido con mi futuro y nada me detendrá.

En el momento en que nos enfrentamos al reto, nos transformamos en alguien más útil para nuestra gente, para nuestro equipo y al final para la sociedad. Esa es la gran recompensa de la ambición y la razón por la que debe ser promovida. La ambición sana de querer ser más, no de tener más.

Hasta ahora no he sido lo suficientemente ambicioso. Es normal. Fallar y cometer errores duele y, cuando esquivas la ambición, no puedes fallar. Por eso mucha gente rechaza la ambición. Sin embargo, no hay nada malo en querer más si también quieres ser tú más. Estar satisfecho en la zona de confort y ponerte solamente objetivos pequeños te da un cierto sentido de satisfacción por conseguirlo a corto plazo, pero no nos damos cuenta de que a medio y largo plazo acabaremos eliminando nuestra capacidad de desarrollar talentos que solamente nosotros podemos ofrecer.

Quiero ser y seré mejor cada día.

Ser ambicioso no significa tampoco volverse loco. Nuestras metas deben estar alineadas con la persona en quien queremos convertirnos, ya que cuando lo consigamos esa será la verdadera recompensa: en quién nos hemos convertido.

La ambición será el motor que me conducirá al futuro que deseo. Me hará fuerte y capaz de enfrentarme a los obstáculos porque me llenará de ilusión.

Cuando somos ambiciosos y crecemos, nos convertimos en una fuente de inspiración para nuestro entorno.

Para ser ambicioso primero seré agradecido. Daré gracias por lo que ya tengo y, a partir de ahí, aspiraré a lo imposible. Lo que hoy parece imposible lo es si pensamos en nuestras habilidades actuales y en nuestra manera de pensar actual. Pero, si los cambiamos, cualquier cosa puede ser alcanzable.

Elaboraré un plan de acciones y de habilidades que deseo desarrollar y me comprometeré a cumplirlo. La ambición sin compromiso se convierte en desilusión.

Dejaré de quejarme y dejaré de criticar. No permitiré que la crítica me llene de autocomplacencia al ver que los demás no consiguen lo que quieren.

Huiré de la gente que dice sentirse cómoda con la mediocridad.

Son gente que normalmente tiene un gran miedo a crecer. En cambio, me rodearé de gente comprometida con la ambición para contagiarme.

Sin ambición solo tenemos lo que los demás quieren darnos. Sin ambición la decadencia está a un paso, porque nos estancamos y dejamos de mejorar. El mundo sigue, el mundo cambia, el mundo avanza, pero nosotros no. Sin ambición nos quedamos atrás.

Sin ambición estamos a merced de los demás y lo que hacemos es seguir sus huellas. Yo quiero ser un ejemplo para los demás y dejar unas huellas que otros puedan seguir. Quiero ser creativo, quiero brillar, quiero ser un referente para mostrar la inmensidad de los tesoros que la vida nos entrega cuando ponemos nuestro talento al servicio de los demás.

Hoy y cada día seré mejor.

MÁS: aceptaré los retos y me prepararé para ellos, porque me harán más grande.

MENOS: me alejaré de la gente que siempre se queja y critica a los demás.

5.
Excelencia

La charla de la cafetería tuvo un efecto balsámico y motivador en Pol, que afrontó el resto de la semana con la intención de hacer bien las cosas y desde el siguiente entrenamiento aumentó su intensidad y luchó al máximo por cada balón. Su entrega y su actitud positiva contagiaron al equipo, aunque no fue suficiente para que el entrenador lo felicitase ningún día.

Esa semana Pol iba a darse cuenta de que la suerte suele aliarse con los que trabajan duro.

Su esfuerzo, la intensidad y la ambición que ponía en cada una de sus acciones resultaron providenciales en un acontecimiento que estaba a punto de suceder: durante el entrenamiento del viernes, un encontronazo entre Beni y Christian dejó a este último tocado y sin poder jugar el domingo siguiente. Ese fue el detonante, y Pol, premiado por su buena semana de entrenamientos, volvió a aparecer en la lista de jugadores convocados para el partido de aquel fin de semana.

Al leer la lista, Johan también vio el nombre de Pol en ella.

—Buen trabajo, Pol, has vuelto al equipo —lo felicitó.

—Sí, muchas gracias por tu consejo —le agradeció Pol—. Ahora todo ya vuelve a ser como antes.

—Eh, tranquilo, en realidad, puede que te hayan convocado por la lesión de Christian —le rebajó los humos el capitán.

—Sí, es posible —reconoció Pol.

—Así que no te lo creas, todavía te falta. Tienes que seguir. Sin embargo, ¿ves cómo tu actitud te ha ayudado?

—¿Qué quieres decir? —le preguntó Pol.

—¿Tú crees que si hubieses seguido entrenando sin ilusión y lamentándote, el míster te habría elegido para sustituir a Christian?

—Hombre…, no lo sé…

—Mira, Pol, el entrenador tenía a ocho jugadores para sustituir al lesionado. De los ocho, te ha elegido a ti. Ya te lo dije, aunque no te felicite, él ve lo que haces.

—¡Pues no hay mejor felicitación que volver a incluirme en el equipo! —respondió con satisfacción Pol—. Es cierto, las cosas dependen mucho más de mí de lo que pensaba.

—Puede que otros jugadores ahora estén pensando que has tenido suerte, pero tú y yo sabemos que la desgraciada lesión ofrecía a todos la misma oportunidad. Sin embargo, tú eres el que estaba mejor situado para aprovechar la ocasión. ¡Tú has creado tu suerte!

—Ja, ja, ja, esto es bueno, cuanto más entreno, más suerte tengo.

* * *

El partido del domingo resultó más intenso de lo esperado. Avanzada la segunda parte, el empate a dos parecía inamovible en el marcador cuando el míster pidió a Pol que fuese a calentar. Pol salió a jugar a falta de veinte minutos para el final. Sus buenos entrenamientos tuvieron su recompensa y, después de una buena acción individual, le dio el pase del gol a Hugo, lo que supuso la victoria.

Durante la semana siguiente Johan estuvo vigilando atentamente a Pol para que siguiese sin bajar la intensidad y la concentración. Sabía que tenía que seguir y conseguir que la actitud de unos días se convirtiese en un hábito firmemente establecido. Por eso, tras el entrenamiento del miércoles, consiguió quedarse a solas con Pol en el centro del campo. La sesión había sido muy intensa, así que se sentaron cada uno sobre un balón, uno frente al otro.

—Felicidades por la jugada del último partido, Pol. Realmente te vi con confianza, y eso nos permitió marcar el último gol —lo volvió a felicitar con un tono más amable.

—Sí, como había entrenado fuerte, no tuve miedo de salir. Tenía confianza —recalcó Pol—. Así que esta semana seguiré tu consejo y entrenaré como la semana pasada.

—No, un poco más. Siempre un poco más —le recordó Johan—. Si un día fallas, no pasa nada, pero no puedes fallar dos días seguidos porque eso es señal de que empiezas a ir para abajo, y no nos lo podemos permitir, ni tú ni el equipo.

—Pero ¡eso será muy duro! —se quejó Pol—. ¿Siempre un poco más? ¡Me quedan muchos años de carrera! ¿Hasta dónde llegaré?

La libreta

—Hasta donde quieras. Tú decides. Eres libre para elegir, no lo que hay que hacer, sino hasta dónde quieres ser tú mismo. Hasta dónde quieres llegar. Ser tú mismo no es opcional, la cuestión es hasta dónde quieres serlo.

El nuevo desafío para Pol ya quedaba planteado.

—Al principio será duro —le reconoció Johan—, ya lo está siendo, pero después será más fácil porque ya tendrás el hábito.

—Sí, pero para jugar necesitaré cada vez más —se recordó Pol en voz alta.

—Sí, claro. Cada título que queramos conquistar nos exigirá un paso más. El equipo y cada uno de nosotros tendremos que cambiar porque los rivales también lo harán. Pero eso es una suerte —exclamó Johan jovial—, porque hace que nos exijamos cada vez más y acabaremos siendo el máximo de buenos que podemos ser. Esa es la mejor manera de conseguir los títulos. ¡Merecerlos!

El capitán se puso en pie y recalcó:

—Hacerlo una vez no basta. Hay que ser consistente. Hacer siempre una más que los demás. Cada vez hay que intentar dar el cien por cien. Y tenemos que vigilar, porque cuanto más avancemos, cuanto más arriba estemos, más distracciones tendremos de todo tipo. Para ser excelentes tenemos que dedicarnos a aquello en lo que brilla nuestro talento, el fútbol, y dejar las demás distracciones a un lado.

Pol se quedó meditabundo, con la cabeza apoyada en las manos. «Cada vez más. Siempre una más», se iba repitiendo en su cabeza, con la mirada perdida.

A punto de salir del campo, Johan se volvió hacia él.

–Por cierto, voy a quedarme a lanzar unos penaltis, ¿me acompañas?

–¿Ahora? –se sorprendió Pol–. Hemos entrenado una hora y media y estoy un poco cansado.

–Sí, claro, lo importante es hacerlo ahora –recalcó Johan–. Lanzar un penalti cuando estás descansado casi nunca va a pasar en un partido. Hay muy pocos penaltis en la primera media hora…, suelen ser cerca del final. Hay que estar preparado para lanzarlo en cualquier momento.

–Está bien, me quedo –aceptó Pol sin demasiadas ganas.

Ya en el campo de entrenamiento, le preguntó al capitán:

–¿Y tú cómo los tiras?

–De muchas maneras…, pero tengo una favorita cuando estoy cansado.

Entonces Johan agarró dos conos de entrenamiento y los colocó sobre la línea de portería, a solo un metro de distancia del poste por la parte interior de la portería.

–Si mandas el balón con fuerza entre el cono y el poste, el portero no puede pararlo –le explicó.

Y se quedaron practicando durante veinte minutos.

«Hoy sido una jornada reveladora», pensó. Había quedado con sus hermanas en su bar favorito del centro de la ciudad y, como había llegado con media hora de antelación, se pidió un refresco y empezó a escribir en su libreta.

EXCELENCIA

Hoy voy a entregarme al cien por cien.

La excelencia es el hábito de no conformarse con la mediocridad, con lo normal. Es querer dar el cien por cien en cada intento. Es querer empujar tu límite hacia arriba para transformar tus capacidades. Es entregar tu talento desde el corazón para servir cada vez mejor a tu propósito y a los demás.

La excelencia también es un compromiso: el de aparecer siempre en tu mejor versión. Por eso mucha gente le tiene miedo.

Eludir la excelencia puede a veces traer una pequeña recompensa, pero es un espejismo. Como no se entregan del todo, ahí tienen una excusa para no alcanzarla. Acabar antes o retirarse a los primeros obstáculos es aparentemente más fácil, sin embargo, a la larga lo que ocurre es que reducimos nuestra autoexigencia y poco a poco nuestro talento disminuye.

Por eso, hoy voy a entregarme al cien por cien.

Quiero crecer todo lo que pueda. Como la excelencia es un hábito, su ausencia también lo es. Así que, si no persigo la excelencia, en realidad estoy instalando el hábito de exigirme ser mediocre. Y mi entorno, al imitarme, se volverá conformista. Ese no será mi ejemplo.

El enemigo de la excelencia es la pereza, el no concluir las cosas de la mejor manera y dejarlas a medias. No quiero ser perezoso. La pereza me alejará de mis mejores objetivos y cuando quiera perseguirlos será demasiado tarde.

Jamás discutiré o regatearé el esfuerzo. Haré lo que haga falta y lo haré lo mejor posible. Cuando crea que ya no puedo más, me preguntaré si es realmente cierto o solamente es un espejismo que mi versión más negativa quiere hacer pasar por real. Porque es en los momentos difíciles cuando se instala la excelencia y se transforma en hábito.

Hoy me centraré en el momento presente y daré mi cien por cien.

Perseguir la excelencia me separará de los mediocres y me generará una gran reputación. Mi elevado nivel de exigencia me facilitará crecer constantemente y pronto causaré asombro en los demás.

Siempre me exigiré un poco más y aprovecharé cualquier cosa que haga para ser excelente. No me conformaré con estar en la media. Evitaré las distracciones que me dispersan y que me impiden centrarme en las cosas importantes.

Dejaré de hacer las cosas en el último momento porque la pereza no será más mi compañera.

Dejaré de tenerle miedo al éxito, a que las cosas me salgan bien. Hay gente que se autosabotea porque piensa que, si aparece en lo más alto un día, después se le exigirá siempre ser así, y cree que eso es duro. Y lo es. Pero no se dan cuenta de que precisamente los demás te perdonarán el día en que no puedas porque te habrás convertido en fuente de inspiración para ellos.

Trabajaré duro cada día y ese será mi nuevo listón.

Seré grande porque siempre daré mi cien por cien.

MÁS: daré en cada momento mi cien por cien.

MENOS: abandonaré las excusas.

6.
Automotivación

La temporada iba avanzando con un buen ritmo de victorias en la liga. Sin embargo, después de ganar al equipo de Madrid, su principal rival, la intensidad del equipo empezó a decaer, primero en los entrenamientos y después en los partidos.

Merecidamente, el equipo de Pol iba líder, pero, aunque llevaban tres partidos consecutivos ganando, el equipo no jugaba como era de esperar.

En los últimos entrenamientos Johan fue percibiendo una cierta relajación en Pol y en otros jugadores que no le gustó.

Un jueves, antes de empezar el entrenamiento y mientras los jugadores estaban haciendo estiramientos, Johan se acercó al grupo en que estaba Pol y les comentó:

—Creo que los entrenamientos están bajando de intensidad, ¿no os parece?

—Hummm…, puede ser… —respondieron dubitativos.

—Y, además, no todo el mundo llega media hora antes del entrenamiento como es nuestra costumbre —siguió Johan—. Hace días que hay gente que llega solo diez minutos antes, con el tiempo justo de cambiarse y entrenar. ¿No creéis que es mejor llegar con tiempo para concentrarnos en lo que vamos a hacer después, recordar un poco el último entrenamiento o explicar el último chiste malo que nos han contado?

La carcajada fue generalizada, aunque más que de alegría era por la preocupación que empezaban a sentir por los comentarios del capitán.

—Creo que entre todos estamos perdiendo un poco de motivación —siguió—. Ya sé que la liga es larga y que las cosas van bien, pero precisamente ahí está el gran peligro: que no nos demos cuenta del peligro, que empecemos a bajar en la calidad y que el día en que empecemos a perder no lo podamos detener, porque no será problema de un día, sino de todos estos días en que no estamos poniendo remedio.

Todos se miraron sorprendidos por el tono de seriedad que Johan había dado a sus palabras y por el toque de atención que les estaba dando, pero el entrenador los llamó y se fueron a entrenar sin pensar más en ello.

El entrenamiento estuvo bien. Sin embargo, ya hacía demasiados días que no había brillo y parecía que pocos se estuviesen dando cuenta.

Una vez finalizado el entrenamiento, Pol se acercó a Johan y le confesó lo que pensaba.

—Creo que tienes razón en lo que comentabas antes del entrenamiento, por lo menos a mí me pasa.

—A todos nos pasa —reconoció el capitán—. En mayor o menor medida a todos nos suele ocurrir.

–Pero yo ya vengo con ganas a entrenar –replicó Pol con pasión–. Es mi trabajo y es mi pasión, ¡es mi futuro! Lo sé y vengo siempre dispuesto a dar el máximo.

–Ya, pero en este equipo, como en cualquier otro equipo que quiera ganar, no basta con ir. No se trata solamente de ir, se trata de ir como hay que ir. –Y siguió vistiéndose con la ropa de calle.

–¿Y cómo me puedo predisponer? ¿De dónde saco los «recursos» para hacerlo? –preguntó Pol.

–Pues cada uno tenemos nuestros motivos. Puede ser de las derrotas, del año pasado, de las finales perdidas, de pensar que lo perderás todo –reflexionó Johan–. Tienes que aprender a apalancar tu motivación contra tus fracasos actuales y futuros. Así llegarás siempre a tu máximo nivel.

El capitán dejó lo que estaba haciendo y se giró para mirar a Pol.

–¿Sabes de qué me he dado cuenta durante todos los años de mi carrera? –Hizo una pausa para que el joven fuera consciente de la importancia de la respuesta–. De lo importante que es a veces perder.

–¿En serio? –se sorprendió Pol.

–Mira, hay dos maneras de perder. Si pierdes y culpas a todos menos a ti, esa derrota sirve para bien poco, incluso aunque tengas razón de que la culpa no era tuya –explicó Johan sin apartar la mirada de Pol–. Sin embargo, cuando pierdes y reflexionas humildemente sobre «qué podrías haber hecho mejor» seguro que mejoras, incluso si no ha sido culpa tuya, porque buscarás respuestas a tu pregunta.

Johan llevaba un rato con los zapatos en la mano, así que se sentó para ponérselos antes de proseguir.

—Si perdemos, todos tenemos parte de culpa, si no directamente en el partido, quizás porque no nos preparamos lo suficientemente bien.

—Por eso decimos: a veces se gana y otras se aprende —intervino Pol.

—De ahí podemos sacar la motivación, de esa rabia de perder. Especialmente finales. —Johan se quedó pensativo—. Yo he ganado tres, pero también he perdido una muy dolorosa, la final de un mundial. —Clavó la vista en la pared. Nunca podría olvidar el remate del delantero alemán que le arrebató la gloria—. Recordarlo me ayuda a automotivarme —suspiró.

—Pero eso de motivarnos, ¿no es tarea del entrenador? —comentó Pol—. A mí me motiva cuando me anima y veo que confía en mí. Aunque cuando me echa broncas no me importa demasiado. Ya sé que no es nada personal y que lo que quiere es sacarme el máximo rendimiento. El problema —reconoció al fin Pol—, lo tengo en los días neutros, en esos días en los que no ocurre nada y tengo que apretar por mi cuenta. ¿Sabes? A veces tengo días buenos y a veces malos.

—Eso sí que es raro —replicó Johan con ironía.

—El otro día, por ejemplo, me enfadé con uno de mis vecinos del edificio y ya vine cruzado al entrenamiento —explicó Pol—. No me salió demasiado bien, claro.

—¿Puedo preguntarte por qué te enfadaste?

—Pues me encontró en el ascensor y me empezó a preguntar cosas. Yo, por no ser descortés, le iba respondiendo, pero eso me retrasó y casi llegué tarde a entrenar.

–¿Y cómo podrías darle la vuelta a eso? –le preguntó el capitán.

–Pues no lo sé...

–¿Por qué crees que te detuvo tu vecino? ¿Por qué crees que te conoce?

–¡Hombre! ¡Porque soy jugador de su equipo favorito!

–¿Y eso es bueno o malo?

–Ya te entiendo. Claro que es bueno, en realidad me admira y lo que hacía era mostrarme su admiración. ¡Y yo me enfadé con él! Ser admirado por mis vecinos es algo que realmente me motiva porque significa que lo que hago hace feliz a mucha gente. ¡Tengo que hacerlo mejor! ¡Tengo que entrenar muy bien para hacerlo incluso mejor! –A Pol se le dibujó una sonrisita en la boca.

–Bien, más o menos a eso me refiero. Saca motivación de donde puedas. Va por ti. Nadie hará tu trabajo, te lo tienes que ganar y debemos aprender a sacar motivación de cualquier acontecimiento simplemente mirándolo desde otro ángulo para que nos dé energía. Además, si dejas que sea el míster el que te motive, el día en que no lo haga, ¿qué? ¿Vas a dejar de tener el control sobre la utilización de tus mejores talentos? ¡Usa y entrena la mente!

Esas palabras fueron resonando en la mente de Pol durante el resto del día. El atardecer se convirtió en noche antes de que se diera cuenta y entonces, en su casa, después de cenar, se puso un rato a distraerse con la televisión.

La libreta

«Usa y entrena la mente para motivarte», seguía sonando en su cabeza, así que apagó el televisor, tomó su libreta y empezó a escribir:

AUTOMOTIVACIÓN

Mi carrera y mi futuro dependen de mí mismo. Mi motor son mis capacidades y mi combustible es mi motivación.

Hoy voy a tomar responsabilidad personal por ella. No puedo esperar que me motiven desde el exterior, ya que, si entonces faltase esa motivación, ¿yo dejaría de luchar?

La motivación externa está bien, pero se acaba cuando se consigue el objetivo. Sin embargo, cuando la motivación es interna, se convierte en el fuego interior que te da combustible para seguir, seguir y seguir, día tras día, mes tras mes, año tras año, a pesar de los obstáculos. Solo así podrás convertirte en una persona que ha desarrollado todo su potencial y ha alcanzado su mejor versión.

La motivación interna es la capacidad de generar tú mismo los suficientes recursos mentales y emocionales para sobresalir, para darlo todo.

No todo el mundo lo hace. Es más fácil ceder al curso de los acontecimientos que decidir cambiarlo todo a través de la automotivación. Es más fácil poner la responsabilidad en los demás, porque así no tienes por qué generar esos recursos, y cuando esta falla puedes seguir culpando a los demás por no motivarte. Pero actuar así es de una inconsciencia infinita: es perder el control sobre el más preciado de los recursos, tu pasión por hacer lo que hace falta hacer.

¿Y cómo se consigue?

Pensaré en lo que quiero y en lo que no quiero. Pensar en lo que quiero me llenará de motivación positiva. Dibujaré un futuro fascinante, lleno de color y que me atraiga. Que me levante a las seis de la mañana para luchar por mis objetivos.

Y, al mismo tiempo, pensaré en mis derrotas, en las veces que he caído y algo me ha salido mal. Solamente pensar en ello ya enciende mi fuego para actuar. El dolor que me propinan mis derrotas anteriores me servirá de combustible para alcanzar un futuro brillante.

Y, cuando eso no sea suficiente, pensaré en los demás: ¿quién necesita de mi mejor versión? Mis compañeros de equipo, mis padres, mi familia, todos ellos esperan lo mejor de mí. Debo estar siempre dispuesto a actuar y a hacer lo que haga falta.

A medida que trabaje y adquiera nuevas habilidades, mi motivación crecerá, porque a todo el mundo le gusta hacer lo que hace bien. Así que trabajaré duro para aumentar mis habilidades y eso me ayudará a mejorar también mi motivación.

¿Qué ocurrirá si no lo hago?

Si no controlas tu motivación, no controlas tu destino. El miedo te paraliza, tu imagen personal se encoge y se debilita porque lo mismo les ocurre a tus talentos. Y eso te lleva a vivir solamente por y para los demás, respondiendo a sus motivaciones. Debo tener claro por qué lucho y qué es lo que yo quiero.

Me levantaré optimista cada día y llenaré mi entorno de entusiasmo con mi ejemplo. Evitaré las distracciones y dejaré de perder el tiempo. Nada mata más la automotivación que la pérdida de tiempo.

Escribiré mis razones más profundas para estar motivado. Las leeré y releeré constantemente.

Me inspiraré en los grandes ejemplos que hayan estado antes que yo. Todos ellos poseían esa energía interna que los hizo grandes. Yo seré como ellos.

Y, cuando llegue a la meta, lo celebraré en grande, pero no caeré en la autocomplacencia, sino que pensaré que solamente es un paso más y que quedan todavía muchos para llegar al final. A un final que asombrará al mundo.

MÁS: me levantaré optimista cada día y llenaré mi entorno con motivación.

MENOS: dejaré de esperar que me motiven desde el exterior. No necesitaré ya más la aprobación de los demás.

7.
Aceptar el fracaso

La semana siguiente continuó siendo intensa. Pol ya volvía a ser uno de los titulares habituales, pero el partido en Sevilla iba a costar más de lo que pensaban.

El equipo local planteó un partido muy serio y el marcador estuvo empatado a cero durante todo el partido. Al filo del minuto treinta de la segunda parte, Pol hizo una buena jugada en solitario, pero delante del portero, en el momento clave, lanzó el balón fuera. Pol quedó tan decepcionado por el error que se apagó durante el resto del partido. Apenas entró en juego. No hubo muchas más opciones y el partido acabó tal como había empezado, con empate a cero.

La retirada al vestuario estuvo presidida por la decepción. Nadie había jugado especialmente bien, pero Pol se sentía responsable de que el equipo no hubiese ganado por haber fallado ese remate.

Finalmente salió cabizbajo del vestuario y se dirigió al autocar que los llevaría al aeropuerto. Subió al vehículo y se sentó solo, triste y evitó el contacto visual con los demás.

El silencio era total. La noche estrellada de Sevilla, sin

luna, invitaba más a pensar que a hablar. Nadie tenía ganas de hacerlo. De repente, Johan se acercó y se sentó al lado de Pol sin decir nada.

Pasaron dos minutos y Pol no pudo aguantar más sin expresar lo que sentía:

—Todavía no me explico cómo he fallado ese remate —se lamentó en voz baja—. He hecho lo más difícil y he fallado lo más fácil. Creo que me he confiado. La veía dentro —confesó Pol.

—Sí, a veces pasa —reconoció Johan—. A veces nos confiamos demasiado, otras veces pasan tantas cosas por la cabeza en tan poco tiempo que al final no hacemos nada y nos precipitamos en el último momento —intentó tranquilizarlo.

El conductor del autobús encendió el motor, cerró las puertas y se puso lentamente en marcha.

—Ya, es que en un segundo hay que pensar y no pensar a la vez. Cuando estaba con el segundo equipo nunca fallaba estas jugadas, pero ahora a veces me ocurre. La lástima es que me haya ocurrido en el partido.

—Sí, hay que ver muchas cosas en poco tiempo, de hecho, no hay que verlas, hay que esperarlas.

—¿Esperarlas? —preguntó Pol.

—Sí, hay que aprenderlas cuando nos entrenamos —respondió Johan—. Hay que estar muy concentrados en los ejercicios de remate a portería para interiorizar lo que puede pasar en cada instante y ante cualquier circunstancia. Así, en el partido, puedes reaccionar ante cualquier imprevisto, sobre todo lo que haga el portero, para esquivarlo.

—Creo que te entiendo —reconoció Pol.

—Más te vale. Todo lo que hacemos es para que cuando estemos delante del portero la metamos dentro —le exigió Johan con una sonrisa y le dio un pequeño empujón con el hombro.

—¡Uy, qué presión! —replicó Pol con una leve sonrisa en los labios.

—Presión y responsabilidad —le recordó con seriedad—. Nadie te va a recriminar fallar un remate. Todos podemos fallar. Pero te lo recriminarán si no lo haces concentrado al cien por cien.

El cansancio del partido y el movimiento del autobús habían amodorrado a la mayoría de los miembros del equipo, que no prestaban atención a la conversación en voz baja entre el capitán y su pupilo.

—Sí, pero la presión del entrenamiento y la del partido son diferentes. En el entrenamiento, cuando fallas, no pasa nada, pero en el partido se te puede venir el mundo encima.

—Que era lo que le había pasado en el encuentro—. Ya verás mañana los periódicos —continuó Pol—. Seguro que se meten conmigo por el fallo.

—No te preocupes por los periodistas —replicó Johan quitándole importancia al asunto—. Ellos hacen su trabajo.

—Ya, pero ellos no entienden que entrenamos mucho y cualquiera puede fallar.

—Ya te he dicho que su trabajo es escribir y explicar lo que ocurre. Y algunos hacen interpretaciones, pero para eso les pagan. Su trabajo es escribir y narrar. El tuyo jugar al fútbol. Cada uno tenemos el nuestro y nos ayudamos mutuamente.

Muéstrate vulnerable por los errores. Todo el mundo puede fallar.

El autobús dejó atrás las últimas casas de Sevilla y enfiló la autovía en dirección al aeropuerto.

—De todas maneras, lo que más debe preocuparte no es haber fallado, sino lo que ha pasado después —prosiguió Johan.

—¿Después? ¡Si después no ha pasado nada! ¿Qué me vas a criticar ahora?

—¡Pues eso! ¡Que no ha pasado nada!

—No te entiendo —reconoció Pol perplejo.

—Pues que después del fallo te has apagado —le explicó Johan—. Todo el mundo puede fallar, pero eso no implica que desaparezcas del partido. —E hizo un gesto con las manos, como si algo despareciera en el aire.

—Me ha entrado un poco de miedo —reconoció Pol de mala gana—. Pensaba que, si volvía a fallar, más gente se metería conmigo y me he dedicado a jugar fácil. No podía quitarme el fallo de la cabeza durante los últimos veinte minutos del partido.

—Ah, claro —replicó Johan con un tono de voz que no le gustó nada a Pol—. ¿Y crees que la mejor manera de ayudar al equipo es borrándote del partido? ¡Te necesitamos, Pol!

—Además, los del equipo rival no paraban de meterse conmigo y se reían del fallo —intentó justificarse Pol—. He pensado que otro fallo sería terrible.

—¡Vaya! Oye, Pol, ¿sabes quién es quien más falla?

—Pues los malos jugadores, ¿no? —respondió Pol.

—¡Pues no! Los malos fallan poco porque juegan poco.

Los que más fallan son los buenos. Cuanto más bueno, más fallas.

—¿En serio? —preguntó Pol con incredulidad.

—¡Pues claro! Cuanto mejor eres, más juegas, y cuanto más juegas, más fallas —explicó Johan—. Si los buenos se tomasen así a la tremenda los errores, mal iríamos. Además, el rival siempre se meterá contigo. Eso es bueno.

—¡Anda ya! —le soltó Pol.

—¡Pues claro! —«Santa paciencia», pensó Johan con resignación—. Si se meten contigo, si se ríen, si te pegan, es porque reconocen que eres mejor. ¡Esas son sus únicas armas! ¿O acaso crees que perderían el tiempo con eso si realmente fuesen mejores que tú?

—Hombre… —empezó a dudar Pol.

—Si fuesen mejores que tú, pasarían de ti y se limitarían a ganarte. En cambio, cuando alguien machaca es porque esa es la única arma que tiene. Tú vuelve a lo básico y todo saldrá bien —le aconsejó.

—¿Y cómo lo hago?

—Pues volviendo a lo básico, prestando atención a los detalles —puntualizó Johan—. Concéntrate en hacer las cosas fáciles y poco a poco te volverá la confianza. Sé consciente de cada pase, de cada desplazamiento, de cada cosa que hagas bien. Eso alimentará tu confianza y al rato ya volverás a estar como antes. Pero nunca dejes de llevar la iniciativa y de arriesgar. Así se construye la grandeza, Pol: apareciendo cuando los demás se esconderían.

El autocar llegó al aeropuerto y los jugadores se fueron

directos al avión y a sus asientos a descansar. En la escalera de subida Johan le preguntó a Pol:

—¿Te quedarás a tirar penaltis conmigo el próximo día?

—Sí, claro, me encanta —aceptó Pol.

—Pues haremos un juego. A ver si te atreves a jugarlo —le retó Johan.

—¡Johan! ¡Los penaltis no son un juego!

—El próximo día me lo dices.

8.
Aprender con presión

El martes siguiente, el entrenamiento no fue exigente. Un repaso con vídeo a los errores cometidos en el último partido y cómo corregirlos, unos rondos y poco más.

Al final del entrenamiento Pol se acercó al míster.

–Pensaba que pondría mi fallo delante del portero. Gracias por no ponerme en evidencia delante de los compañeros –le dijo.

–Ah, tranquilo, fallar un remate no es un fallo –le quitó importancia el míster.

–¿Ah, no? –se sorprendió Pol.

–No, eso es un error individual que le puede pasar a cualquiera –le explicó el entrenador–. En estos vídeos solamente nos centramos en los errores de concepto y ubicación en el campo. Los errores tácticos, como los llamamos los entrenadores. Y, si te fijas, nunca reñimos a los jugadores, pero no podemos dejar de corregir los errores si queremos tener un equipo campeón.

El míster le dio unos golpecitos en la espalda mientras se dirigían a la puerta de la sala.

–Y, por cierto, no lo he hecho por no ponerte en evidencia delante de los demás –prosiguió–. Los errores individuales siempre los hablo a solas con el interesado. Si te tengo que reñir, te reñiré. A veces los entrenadores tenemos que decirles a los jugadores cosas que no quieren oír…, pero ese es nuestro trabajo. Es muy importante que aceptes las correcciones, porque nuestra intención siempre es que puedas mejorar. Nunca te criticamos a ti como persona, sino que procuramos corregir los errores de atención que puedas cometer.

–Sí, ya hablé con Johan de ese fallo –le explicó Pol.

–Johan tiene mucha experiencia en esas situaciones. Seguro que su consejo es mejor que el mío. –Y soltó una carcajada algo rara–. Mira, te está llamando. Creo que quiere que te quedes a tirar penaltis con él.

–Ah, sí, me dijo que me enseñaría un juego. Gracias por los consejos, míster. –Y le dio la mano antes de encaminarse hacia la portería, donde estaban Johan y Tom, el portero, que lo aguardaban con una sonrisa que denotaba que alguna sorpresa le estaba esperando.

Pol se acercó hacia el borde del área grande. Habían estado varias semanas practicando sin portero y Pol había ganado una buena puntería con el truco del cono.

–Hoy practicaremos con portero. Es más difícil –le explicó Johan.

–Bueno, pero también es más real –observó Pol.

–Y lo vamos a hacer todavía más real. Vamos a lanzar dos penaltis cada uno. Por cada fallo haremos veinticinco abdominales cada uno.

–¿Aunque falle el otro? –preguntó Pol.

–Sí, aunque falle el otro –asintió Johan.

–Pero ¡eso es injusto! ¡Si fallas tú, las haces tú! ¿Por qué tengo que hacer las tuyas?

–Pol, en un partido, cuando un compañero falla, ¿tú sales perjudicado? –preguntó Johan.

–Pues claro, somos un equipo –respondió Pol.

–Pues aquí es lo mismo. Debemos aprender a asimilar positivamente los errores propios y los ajenos.

–Vaya… –se resignó Pol.

–Venga, menos hablar y a chutar –les interrumpió Tom–. Aquí os espero para que hagáis muchos abdominales, je, je, je.

Sortearon el orden y a Pol le tocó primero. La presión de tener delante al portero lo había puesto un poco nervioso y encima los abdominales.

Pol colocó la pelota en el punto de penalti, miró hacia el lado donde quería tirar, golpeó la pelota y Tom, que se había lanzado hacia ese mismo lado, rechazó el balón.

–Oh, mierda –exclamó.

–Te has delatado con la mirada –le explicó Tom–. Creo que todos sabíamos adónde ibas a lanzar.

Volvió a colocar el balón y miró al mismo sitio, pero lanzó al lado contrario y, aunque Tom acertó el lado, el balón entró ajustado al palo.

–¡Bien! –gritó Pol–. Te toca. –Y señaló a Johan.

Johan lanzó y falló el primero, lo que suponía que ya debían hacer cincuenta abdominales, y, justo antes de lanzar el segundo, les dijo a los otros dos:

—Doble o nada. Os propongo doble o nada. Es decir, si marco, no hacemos ningún abdominal, pero, si fallo, haremos cien.

—De acuerdo —aceptaron los dos.

Johan lanzó y falló también el segundo. Era muy raro, ya que normalmente los marcaba siempre.

Cuando Pol se disponía a empezar con la tanda de abdominales, Johan lo detuvo.

—Espera, espera…, vamos a hacer otra ronda, ¿no? Ya haremos los abdominales al final.

—¿Ahora? ¿Con lo cabreado que estoy? —se rebotó Pol.

—Sí, claro, ahora que estás cabreado. ¿Te acuerdas de que el otro día después del error estabas hundido? ¿Y tenías que seguir jugando? Pues ahora, aunque estés cabreado, hundido o lo que quieras, tienes que seguir —le presionó Johan.

—Está bien, pero ahora empiezas tú la serie.

Johan aceptó y marcó el primero, pero falló el segundo.

—Vaya…, ya llevamos ciento veinticinco abdominales.

Con el ruido que estaban haciendo, la mitad del equipo se había acercado al área y se reían por la apuesta que tenían.

—Voy ahora yo…, ¡tengo que marcar los dos! Si no, estaremos haciendo abdominales hasta mañana.

Encaró la pelota y falló. El resto del equipo estalló en una carcajada, lo que dobló la rabia en Pol, que se dirigía a efectuar el último lanzamiento.

—Espera, Pol, un momento… —lo detuvo Johan—, doble o nada.

—¿Cómo? —preguntó Pol incrédulo.

—Doble o nada. Si marcas, no hacemos ninguno, pero, si fallas, hacemos trescientos —propuso el capitán.

—¿Qué dices? —replicó Pol con los ojos desorbitados.

—Cuanto más cerca del final, más importante es el lanzamiento. Doble o nada. No es opcional —ordenó Johan.

Pol respiró profundamente.

—De acuerdo.

Un murmullo se elevó entre los otros jugadores, que ya estaban coreando el nombre de Pol unos y el nombre de Tom otros, lo que generaba todavía más presión al momento.

Pol colocó el balón e hizo una respiración profunda mientras imaginaba dónde estaría situado el cono. Tomó carrerilla y lo chutó con todas sus fuerzas a su derecha. Tom acertó nuevamente el lado, pero el balón entró como una exhalación dentro de la portería.

La tensión se liberó y Pol se dio la vuelta y dejó escapar un grito de rabia justo delante de la cara de Johan.

—Síííííí, tomaaaaa… —le gritó desafiante, y de repente se dio cuenta de lo que estaba haciendo.

Johan lo apartó suavemente, lo miró serio y le dijo con una sonrisa:

—Veo que empiezas a entender de qué va esto.

Y agarrados por los hombros se fueron para el vestuario.

9.
Pol se lesiona

El siguiente entrenamiento era el miércoles. Pol estaba un poco cansado. Había jugado mucho en los últimos partidos y se lo notaba en las piernas.

A la media hora de entrenamiento, en una acción de uno contra uno, notó un pinchazo en la parte trasera de la pierna. Primero pensó que no sería nada, pero, cuando el míster vio que se llevaba la mano a la pierna, lo llamó y le pidió al médico que le echase un vistazo.

El doctor le preguntó lo que había notado y sentido.

–No pinta bien –le dijo el doctor–. Parece una pequeña rotura muscular y, si sigues entrenando, hay riesgo de que se haga mayor. Quiero asegurarme, así que acompáñame al vestuario.

Pol se retiró del entrenamiento mientras los demás siguieron entrenando.

Al acabar el entrenamiento, los jugadores entraron deprisa en el vestuario para ver lo que le había ocurrido a Pol. El primero en preguntarle fue David, su mejor amigo.

–Hola, ¿cómo estás?

—Pues fatal. Me ha dicho el doctor que tengo que estar cuatro semanas sin jugar —le explicó Pol.

—Uf, qué mal rollo —replicó David.

—Ya…, justo ahora que me estaban saliendo tan bien las cosas…

—No te preocupes por eso. Yo me encargaré de ponerles a todos las pilas para que no se note tu ausencia. Ahora céntrate en lo que te diga el médico y en volver lo antes posible —lo consoló David para darle ánimos.

—Gracias, David. —Y le chocó la mano.

Después de ducharse, abandonó el vestuario a pie, pero cojeando ligeramente. Por eso, Johan no tuvo que hacer un gran esfuerzo para alcanzarlo.

—Pol, chico, lo siento. Ya he oído lo que has dicho. Cuatro semanas.

—Sí, menudo rollo, a ver qué hago ahora… —se resignó Pol.

—Bueno, pues lo primero aceptarlo. Ya no se puede hacer nada… —le aconsejó Johan.

—Sí, es muy frustrante…

—Ya, bueno, mira, no te preocupes más de lo debido. Todos los grandes deportistas se lesionan alguna vez. Es normal.

—¿Ah, sí? ¿Normal? —se extrañó Pol.

—¡Pues claro! Cuanto más bueno eres, más juegas. Cuanto más juegas, más te expones a más situaciones de riesgo. Es parecido al tema de los errores.

—Bueno, sí, claro —reconoció Pol, que recordó la conversación en el autocar en Sevilla.

–Y no solo eso…, sino que, como siempre vas al cien por cien, tarde o temprano acabas lesionándote –recalcó Johan.

–Ah, ya veo, y, claro, no puedo aflojar porque, si no voy al cien por cien, no tiene sentido querer ser grande.

–¡Exacto! –reconoció Johan–. No hay elección. Hay que minimizar el riesgo con una buena preparación física y mental y luego con buenos cuidados en el descanso y entrenamiento invisible…, pero, cuando llega, hay que aceptarla y aprovechar el tiempo.

–¿Cómo? Está bien aceptarla. Ya lo entiendo. Si quiero estar arriba, tengo que ir al cien por cien. Entonces, peleando todos los balones al cien por cien puede que en algún partido me lesione. De acuerdo. Pero ¿cómo puedo aprovechar el tiempo?

–Pues ahora puedes entrenar cosas que durante el año no puedes, no piensas en ello o sencillamente no tienes tiempo –le explicó el capitán.

–¿Cómo qué?

–Pues ¿sabes que el entrenador graba los partidos en vídeo?

–Ah, sí, esas cintas que a veces nos pone para explicarnos las tácticas.

–Exacto. Pues pídele una copia al ayudante y repasa las acciones que has hecho y las que hacemos para marcar goles –le recomendó Johan–. Te verás de manera diferente y te servirá para mejorar.

–¿En serio? –dudó Pol.

–Sí, y además puedes cerrar los ojos y ver la película como fue y como te habría gustado que fuese. Imaginártela varias veces te ayudará a acordarte de ello la próxima vez que estés en una situación similar. Puedes hacerlo durante horas, ahora que no puedes entrenar. ¿Te acuerdas del remate que fallaste hace unas semanas?

—Claro, cómo voy a olvidarlo.

—Pues ahora puedes repetirlo en tu mente: lo que viste, lo que deberías haber visto, lo que pensaste, imaginarte rematando sin pensar porque ya lo ves todo de golpe. Así, la próxima vez que te encuentres ante una situación similar, tu respuesta será automática.

—Vale, será una buena manera de ocupar el tiempo —reconoció Pol—. Ahora tendré mucho.

—No te creas. Que estés lesionado no significa que te borres de los entrenamientos —le recordó Johan.

—Pero si no puedo entrenar… —se quejó Pol.

—En serio. No olvides pasarte por el entrenamiento. Que no puedas entrenar no significa que no sigas estando en el equipo. Ven a animarnos a los entrenamientos y de paso nosotros también te animaremos a ti.

Casi habían llegado al final del pasillo que daba al aparcamiento donde los jugadores dejaban los coches.

—Bueno, tendré que comprarme uno de esos aparatos de vídeo que han salido, pero creo que te entiendo y que será una buena manera de aprovechar el tiempo —aceptó Pol algo más optimista.

—Y lo más importante es que te recuperes bien para volver al equipo igual o mejor que antes. No tengas prisa —le aconsejó Johan—, y, cuando el doctor diga que ya puedes jugar, espera unos días más para ganar bien el ritmo en los entrenamientos y así cuando entres al campo estarás al mismo ritmo que los demás.

—Yo quiero volver lo antes posible.

—Con las lesiones hay que ir con cuidado. Primero piensa en poder volver a correr, después en volver a entrenar y después en competir en los entrenamientos... Recuerda: jugar, competir y ganar.

Tener estas tareas encomendadas llenó el día a día de Pol y le sirvió para mantener la motivación elevada. Además, vio algunos partidos de los principales rivales y cómo actuaban los porteros y los defensas. También se dio cuenta de los errores que cometía.

Hacía días que no pensaba en su libreta y, entre lo que le había ocurrido con el error ante el portero y esa lesión, consideró que había aprendido lo suficiente para hacer otra entrada en su diario.

APRENDER DE LOS ERRORES

La vida no es fácil. La vida a veces no parece justa. Todos fallamos alguna vez y eso es algo bueno.

Es ingenuo pensar que todo siempre irá bien. Lo normal es que vaya bien, pero, cuando arriesgamos o estamos en momentos cercanos al límite de nuestra zona de confort, es posible y más que probable que cometamos algún error.

Me he dado cuenta de que el problema no es equivocarte, sino no preguntarte por qué. El problema no es el error, sino no querer darte cuenta. El problema no es fallar. Lo grave es que el fallo te paralice o, lo que es peor, que el miedo a fallar te lleve a dejar de intentarlo.

Aprenderé de los errores que cometa.

Hablar de los errores hace daño porque nos acerca a nuestra parte más imperfecta, la que a menudo queremos ocultar, y por ello tendemos a silenciarlos.

Especialmente tras un fracaso, es común pasar un tiempo inactivo para que los demás se acerquen a ti y te compadezcan. No es una mala manera de llamar la atención y recibir algo de cariño.

Pero, si persistimos en ocultarlos, nuestra seguridad y confianza en nosotros mismos pronto van a desaparecer. Vas a sentir una sensación de inadecuación y con el paso del tiempo, error tras error y fracaso tras fracaso, te darás cuenta de que vives en el pasado. Si no aceptas los errores, no corriges lo que los ha provocado y vuelves a repetirlos una y otra vez.

Aprenderé de los errores que cometa y ese aprendizaje me hará mucho mejor.

Necesitaré humildad para reconocer que ni lo sé todo ni lo sé hacer todo. Cuando fracase me preguntaré:

- ¿Cuáles son las cosas que he hecho y que no debía haber hecho?
- ¿Y las que no he hecho y debería haber hecho?
- ¿Qué he tolerado que no debería haber tolerado?
- ¿Qué puedo aprender de esta situación?
- ¿Qué es exactamente lo que haré diferente la próxima vez?

Y la respuesta a estas preguntas será lo que me permitirá mejorar.

Al final, siempre puedo elegir cómo reaccionar ante un error. Por un lado, puedo hundirme y autojustificarme con excusas. Pero esta manera de reaccionar no me va a permitir mejorar. Por otro lado, puedo asignarles un significado diferente a mis fallos, un significado que me sirva de aprendizaje. Así que a partir de hoy abandonaré las excusas y construiré el hábito de aprender de los errores.

Hoy aprenderé de los errores que cometa y ese aprendizaje me hará más fuerte.

Además, aprender de los errores me dará la oportunidad de expresar mi creatividad y de buscar una nueva manera de resolver el problema, ideas que nadie haya probado antes.

El fracaso solamente existe cuando te das por vencido. El fracaso es simplemente un mal resultado a partir del cual puedes convertirte en alguien mejor. Trabajando duro las cosas se arreglan, depende de tu voluntad. No es tan importante lo que ocurre, sino cómo te lo tomas y lo que haces para darle la vuelta. A veces caerte es irremediable, pero casi siempre es una lección. Levántate y pregúntate por qué has caído para que eso no te vuelva a suceder.

He descubierto que fracasar no es lo contrario de tener éxito. Si lo viese así, pensaría que me alejo del éxito cada vez que fracaso. De esta manera, consideraría mucho más seguro no hacer nada para no alejarme del éxito, y eso me llevaría a la inacción. El miedo a fallar hace que no lo intentemos porque creemos que, tras el error, quedaremos más lejos del éxito de lo que estamos ahora. Nos parece más seguro no hacer nada hoy e imaginar que algún día haremos algo. Como hoy no fallamos, nuestra recompensa por no hacer nada es mayor que lo que imaginamos que nos pasaría si lo hiciésemos y fallásemos.

La realidad es justo la contraria: los errores están en la senda del éxito, ya que nos revelan los puntos en que podemos mejorar y hacen mucho más inevitable nuestro éxito.

Así que cambiaré esta concepción del error por otra que me acerca más a la acción: fracasar o fallar está en el camino hacia el éxito si después del fracaso nos hacemos las preguntas correctas.

Entenderé que, cuanto más arriba suba en la escalera del éxito, más fácil será cometer nuevos y mayores errores, así que me aplicaré en el hábito de aprender de mis errores para estar preparado en el gran momento.

Aceptar la emoción de fallar no es malo. Es un error desviar la atención rápidamente para no sentirla porque, si esta acción llegase a convertirse en hábito, seríamos incapaces de reconocer nuestros errores.

Pero no debemos permanecer en la emoción del error más tiempo del necesario. Nuestro éxito depende en gran medida de nuestra capacidad de usar ese dolor para transmutarlo en motivación.

Fallar no me convierte en un fracasado a no ser que yo ponga esa etiqueta en mi mente. Fallar una y otra vez es lo que me permitirá ser grande.

Mi visión de un futuro brillante me ayudará a gestionar los errores y a seguir motivado. En realidad, mis fracasos se convertirán en mi mayor fuente de inspiración y motivación para el futuro.

MÁS: cada vez que cometa un error anotaré en la libreta una o dos maneras de hacerlo mejor la próxima vez. También escribiré los aprendizajes a partir de mis errores para interiorizarlos lo antes posible y que se conviertan en algo permanente.

MENOS: nunca les echaré la culpa a los demás cuando yo cometa un error ni buscaré una disculpa.

10.
Actúa, actúa, actúa

Por suerte para Pol, las dos semanas del parón de invierno lo ayudaron a no estar tan pendiente de los partidos y a centrarse en la recuperación.

A partir de la segunda semana, el dolor había desaparecido por completo y pudo empezar a correr. Los primeros intentos fueron duros y al principio combinaba andar un minuto y correr otro. Luego fue alargando los minutos de carrera a dos, tres, cinco, hasta que corrió media hora seguida. A partir de entonces fue aumentando la intensidad, también en intervalos de un minuto.

Pero correr no era todo lo que hacía. En realidad, correr era la parte fácil. También estuvo trabajando la fuerza en las piernas para que no se le repitiese la lesión. Sebas, el fisioterapeuta del equipo, era el encargado de ayudarlo. Esa era la parte más dura, sobre todo cuando tocaba trabajar el músculo lesionado, pero el buen humor de Sebas, que era capaz de imitar a todos y cada uno de los jugadores (y al entrenador), lo tenía siempre contento.

—A ver si sabes quién soy: «Venga, muchachos, vamos,

vamos, hay que darle a todo lo que se mueva. Sin parar, sin parar. Somos un muro, ¡por aquí no pasa nadie!» –dijo mientras se movía frenéticamente y saltaba.

Pol soltó una carcajada.

–¡Eres Beni, nuestro central! Él se mueve así, como es muy fuerte siempre nos anima desde la parte física…, ja, ja, ja… Está tan fuerte que a veces me recuerda a Tarzán.

–Y este a ver si sabes quién es: «Venga, pásenmela, que yo me regateo a uno y a otro» –dijo mientras contoneaba el cuerpo como una anguila y pasaba entre las bolsas de material que tenía en el suelo–. «Pásenmela y los regateo a todos y luego te la paso a ti para que puedas marcar, Pol».

Pol seguía riendo.

–Eres Alan, el extremo. Siempre está de broma y se mueve así.

Pero el repertorio de Sebas no se había acabado.

–Mira, mira este –continuó el masajista–: Vamo, vamo, pasáme y metéle, que yo me meto dentro de la portería con la bola. Los regateo a todos.

Pol no podía dejar de llorar de risa.

–Este es Hugo, es Hugo, por favor, Sebas para ya –le rogó Pol.

Sebas, que también reía, regresó a los ejercicios de recuperación.

Como le había comentado Johan, a pesar de estar lesionado, después de la recuperación cada día se pasaba por el entrenamiento. Se quedaba en la banda y animaba de vez en cuando, pero sobre todo estaba pendiente de las nuevas variantes y de las explicaciones del entrenador. Además, desde la banda podía ver los errores que sus propios compañeros cometían y cómo el entrenador también casi siempre los percibía y los corregía.

En esos días se dio cuenta de una cosa curiosa acerca de cómo el entrenador corregía a los jugadores. Cuando estaban entrenando, sus órdenes eran directas, concisas y claras. Sin embargo, cuando paraba y tenía que corregir o cuando hablaba a los jugadores individualmente, pocas veces, por no decir ninguna, los criticaba directamente. Primero los felicitaba por alguna cosa que estuviesen haciendo bien, casi siempre algo acerca de cómo se estaban esforzando. A continuación, les corregía lo que estaban haciendo mal y les decía exactamente cómo podían hacerlo mejor. Y finalmente les daba ánimo con frases como «confío en ti» o «siempre te sale bien, ya verás como ahora también».

A las tres semanas estaba ya deseoso de entrar en el campo y empezó a hacer las primeras carreras por la hierba. La sensación de estar sudado, rodar por el césped, caer y levantarse de nuevo eran para él todo su mundo, así que enseguida le pidió al entrenador incorporarse en el resto del entrenamiento.

* * *

El primer entrenamiento fue peor de lo que pensaba. Participó en la mitad de los ejercicios, pero se le cargó un poco la pierna y se detuvo a falta de media hora. Unos cuantos estiramientos y acabó junto con los demás.

Mientras estiraban, Johan se le acercó.

–Felicidades, Pol, ya vuelves a estar con nosotros.

–¡Uy, sí! No veas las ganas que tenía ya.

–Sí, y nosotros de que vuelvas –le reconoció el capitán–. ¿Cómo te has encontrado hoy?

–Pues un poco lento. Tanto de piernas como de cabeza.

–Es normal –replicó Johan–. Creo que para las piernas todavía te falta una semana, pero, vaya, el médico y el preparador físico te lo confirmarán mejor. Sin embargo, lo de la cabeza es diferente.

–¿Ah, sí? ¿A qué te refieres? –se interesó Pol.

–Creo que tienes que confiar en el doctor y en que la lesión ya está curada, así ya no pensarás en ella. Piensa en ella durante la recuperación y durante el calentamiento si quieres, pero en el momento de entrenar libera tu mente de preocupaciones y deja de pensar. Es momento de actuar y correr.

–Ja, ja, ja –rio Pol–. ¿Me estás diciendo que hay que jugar sin pensar?

–Más o menos –reconoció Johan–. No es que no haya que pensar, es que hay que anticipar. Es decir, tenerlo todo pensado de antemano y haberlo visto en la cabeza antes de empezar, y entonces dejarte guiar por el flujo de la acción.

Pol hizo caso a Johan y habló con el doctor, que le confirmó los consejos del capitán: «No pienses en la lesión. Estás bien. Si piensas en la lesión, vas a preocuparte. Preocúpate de hacer lo que tienes que hacer cuando tengas que hacerlo: venir a trabajar con el fisioterapeuta un rato antes para ponerte a punto, calentar bien y, cuando empiece el entrenamiento, deja de pensar. Todo el trabajo ya está hecho. Entonces sal y juega».

—Tenemos que hacerlo automático, casi sin pensarlo –le volvió a insistir Johan–. Lo que sabemos. Pensamos antes, pensamos en la media parte y pensamos cuando faltan tres minutos. El resto del partido vamos a correr, a tocar, a jugar, a ganar. Pensamos en el entrenamiento; ahí lo automatizamos. Pero en el campo es momento de hacer. No de hablar. Hablamos durante la semana. Todo lo que haga falta. Reuniones, vídeo, prepararnos mentalmente. Estar presentes en cada momento. Pero en el campo hay que actuar, actuar y actuar.

El capitán dejó que Pol asimilara lo que le acababa de explicar, algo que era fundamental para mejorar su rendimiento y el del equipo.

—Si esperas que el entrenador te ponga de titular, no lo serás nunca. No esperes, ¡pídeselo! –le exigió a Pol–. Pero no pidas con palabras, pide con tus acciones. Tú dices que quieres ser titular, pero, si no te esfuerzas como mínimo como los titulares, no sirve lo que me dices. Cuando lo que haces contradice lo que dices, tus palabras no valen nada. No esperes que las cosas pasen, haz que ocurran.

Pol no dejaba de asentir con la cabeza, convencido de que Johan le estaba dando la clave para crecer como jugador y como referente del equipo.

—No hables, que tus hechos hablen por ti. A todos nos falta a veces la motivación. Yo mismo hay veces en que dejo la motivación en la cama y me levanto –reconoció Johan–. Si solamente actuase, entrenase y jugase cuando estoy motivado al cien por cien, no sería ni la mitad del jugador que soy.

–Lo bueno –prosiguió– es que a medida que empiezas vas teniendo más ganas. Las ganas vienen con la acción. Empieza, empieza, empieza y la motivación vendrá. Pero la motivación no quiere ir adonde van a desperdiciarla con pereza, distracciones o desorden –remachó.

Johan dejó que estas ideas fueran calando en el muchacho.

–Pol –concluyó Johan–, cada vez que quieras algo, dite a ti mismo: «¡Haz que ocurra!».

ACTÚA, ACTÚA, ACTÚA

Vivimos nuestras acciones. Vivimos mientras actuamos y la experiencia de la vida se realiza a través de los sentidos cuando entramos en acción. Nuestra vida no es lo que pensamos, sino exactamente aquello que hacemos.

Las ideas son importantes, los planes, imprescindibles, pero solamente tenemos lo que conseguimos con nuestras acciones. Cada vez que quiera algo, me diré a mí mismo: «¡Haz que ocurra!».

Soñar y visualizar un futuro atractivo es el primer paso, pero el resto de pasos, los miles que faltan para llegar a ese futuro, se basan en nuestras acciones.

Nuestras acciones moldean nuestro espíritu y forjan nuestro carácter. De nada sirve que las ideas se queden ahí. La única manera que tenemos de moldear nuestra realidad es a través de nuestras acciones. Por eso, pensar sin actuar no sirve de nada.

Pensar que harás algo es fácil. Decidir desde el pensamiento no cuesta demasiado. A veces es más fácil vivir en el reino del mañana. Pero actuar compromete. Por eso mucha gente prefiere quedarse en el terreno de las ideas viendo cómo su vida transcurre apaciblemente sin las responsabilidades que supone el hecho de actuar.

Si no haces nada, no fallas nunca. Pero esa sensación de falso confort se desvanece cuando te das cuenta de que, si no actúas, no tienes nada. Nada viene solo. Son las acciones y no las palabras las que cambian las cosas. Nada funciona ni cambia si tú no haces que cambie.

Además, no hay nada peor que hablar sin actuar. Cuando haces proclamas a los cuatro vientos, pero si luego no sigues con tus acciones, la gente te ve como un charlatán, como un perdedor.

Y lo peor de no hacer nada es que no ocurre nada y te llenas de frustración por la falta de resultados. Al final, tendrás que actuar, tendrás que hacerlo igualmente, pero te quedará menos tiempo para corregir si te equivocas o tendrás que conformarte con una autoexigencia inferior a la que en un principio era excelente para ti.

Lo mejor no está por llegar, no vendrá solo, ¡hay que ir a buscarlo! Cada vez que quiera algo me ordenaré a mí mismo: «¡Haz que ocurra!».

Primero pensaré y luego actuaré en una proporción de 1 a 2. Si actúo, si hago las cosas necesarias para cambiar mi realidad y la de mi entorno, podré pedirle a la vida lo que quiera porque me estaré pidiendo más a mí. Eso sí que demostrará que lo quiero. Nadie podrá exigirme nunca más de lo que yo me exija a mí mismo.

Además, actuar te permite fallar, fallar te permite mejorar y mejorar expande tu confianza en ti mismo.

Solamente actuando revelamos a los demás nuestro verdadero YO. Actuar nos da confianza y nos genera una autoimagen positiva. Y, al final, nuestra autoimagen suele ser nuestro techo. Pasando a la acción es como subimos nuestro listón y nuestro nivel de rendimiento personal.

Hacer genera entusiasmo. Movimiento y emoción son la misma cosa. Así que, aunque a veces me falle la motivación para hacer algo, sé que al empezar a actuar la motivación me invadirá. Porque ese es un círculo virtuoso: la motivación genera acción y la acción genera emoción. Así que puedo impulsar el bucle de la motivación simplemente empezando a actuar.

Podré soportar fallar, pero no podré soportar no intentarlo. Cada vez que quiera algo me diré a mí mismo: «¡Haz que ocurra! ¡Hazlo, simplemente hazlo!».

MÁS: desarrollaré una irrefrenable orientación hacia la acción. Y, si me falta tiempo, crearé tiempo para hacer y no esperar a que surja el tiempo para actuar.

MENOS: dejaré de poner excusas. Los ganadores no tienen excusas, solo los perdedores, así que, cada vez que me vea dando una excusa, significará que he cometido algún error y que debo aprender de él para mejorar. Excusas = necesidad de aprender algo.

Eliminaré las tareas menos importantes que me limitan el tiempo de hacer aquello que es realmente importante.

11.
Ser buena persona

Los entrenamientos avanzaban y Pol ya se había recuperado de la lesión. Estaba jugando bien y todo iba sobre ruedas si no hubiese sido porque Jimmy, uno de los jugadores veteranos del equipo, ya hacía días que estaba a malas con él. En realidad, Jimmy tomó el lugar de Pol cuando este se lesionó y, al ver que Pol estaba volviendo, estaba receloso.

En los entrenamientos de la semana anterior le había agarrado por la camiseta dos o tres veces durante los ejercicios y le había retardado las acciones. Pol había callado, pero su mirada hacia Jimmy no había sido de lo más cómoda.

Ese martes, en un par de ocasiones en que el entrenador no miraba, le había puesto la zancadilla y lo había derribado. Algunos jugadores lo habían visto, pero no habían dicho nada.

–Oye, Jimmy, vale ya. Llevas días tras de mí y no entiendo qué quieres –lo interpeló Pol mientras se levantaba.

–Tranquilo, muchacho. Aquí cada uno va a la suya –replicó Jimmy–. Yo estuve jugando mientras tú estuviste lesionado, así que ahora no te será fácil volver al equipo. Eres joven y tienes mucho que aprender.

El entrenamiento siguió hasta que en uno de los ejercicios de tres contra tres Pol dribló a Jimmy y este lo zancadilleó por detrás una vez superado. Pol voló por los aires, aunque afortunadamente cayó rodando y con una pirueta se levantó de golpe.

El ejercicio siguió sin que Pol dijese nada, pero en la siguiente acción Pol propinó un empujón a Jimmy para quitarle el balón y lo mandó al suelo. Jimmy se levantó hecho una furia y se encaró a Pol.

—Eh, chaval, ¡no te pases conmigo! –le conminó.

Pero Pol simplemente lo apartó de delante y se preparó para la siguiente acción.

Ante la persistencia en buscar bronca de Jimmy, el entrenador detuvo el entrenamiento. Los llamó a los dos.

—Pol, ¿qué ocurre? –le preguntó.

—Nada, nada –lo tranquilizó Pol–. Son cosas del juego. Él va fuerte a los balones, lo entiendo, pero, si se cree que me acobardaré, va listo. También voy fuerte.

El entrenamiento acabó sin más conflictos.

Una vez en el vestuario, después de ducharse, mientras Pol se estaba poniendo los zapatos, Jimmy se le acercó y le espetó:

—Que sea la última vez que me entras así. Los veteranos merecemos un respeto.

—Yo te respeto, y como veterano más –respondió Pol–. Pero cuando estamos en el entrenamiento yo me entrego por lo que pide la situación.

—Tú sabrás lo que haces –le recriminó con tono amenazante–. En los entrenamientos eres muy valiente, pero luego en los partidos te vas a encoger y a asustar. –Y le hizo gestos de burla.

El resto del equipo contempló el intercambio de palabras con perplejidad y preocupación. Pol no entró demasiado al trapo, se acabó de vestir y salió del vestuario. En el camino hacia la zona del aparcamiento coincidió con Johan.

–Menudo pique tienes con Jimmy, eh, Pol –le comentó–. Pronto le llegará el momento de la retirada, pero tiene miedo de que tú tapes su final de carrera. Piensa que no tiene nada más.

–Ya, pero eso no es culpa mía –se incomodó Pol–. Cada uno nos buscamos la vida.

–Sí, pero no te pelees con él –le aconsejó el capitán–. Tu nivel está por encima del suyo. Tienes más talento y tienes más futuro.

–Lo sé, pero cuando está cerca tengo que reconocer que estoy un poco asustado.

–Tranquilo, es normal. Ha sido un gran jugador y con mucha personalidad.

–Y entonces, ¿qué tengo que hacer?

–Aprender a saltar –respondió Johan mientras daba un pequeño saltito en medio del pasillo.

–¿A saltar? –se extrañó Pol.

–Sí, en los dos sentidos. Cuando te vaya a entrar en el campo, suelta la pelota antes de que llegue y salta por encima suyo –le aconsejó.

–Pero para eso tengo que verlo venir.

—Claro. Es que tienes que doblar tu atención —le recomendó Johan mientras regateaba con elegancia la fuente de agua que les obstaculizaba el paso—. Eso incluso va a ser bueno, porque te hará estar más centrado. ¿Te acuerdas cuando te decía: «No te quejes»? ¿Que uses todo lo que venga para hacerte más fuerte y mejor? Pues esta es otra de las situaciones. Tienes que enfrentarte a alguien desagradable, un auténtico hijo de..., no uses sus armas. Ahí él te ganará.

—¿Tú crees? —dudó Pol.

—Desde luego —confirmó Johan—. Le queda poco talento, solo conserva sus trucos, sus artimañas. En el juego sucio es experto.

—Entonces, tengo que estar atento y evitar chocar con él —concluyó Pol.

—Sí. En el campo y fuera del campo. Tú estás por encima. No tienes que volverte como él. Si te habla, respóndele, pero no te pelees desde su visión, sino háblale desde la tuya. Tú tienes talento, háblale con talento. Pero háblale. No te acobardes. Si te quedas callado, te habrá ganado.

—O sea, que no tengo que volverme malo, pero tengo que hacer de bueno —creyó entender Pol.

—A eso me refiero —asintió Johan con la cabeza—. La razón por la que jugadores como él están ahí es porque algunos se amedrentan. Él hace lo único que le queda, por eso lo hace, y, te aviso, lo hará. Es lo único que tiene. Es lo poco que le queda.

Sin darse cuenta habían llegado a la puerta que daba acceso al aparcamiento.

—En cambio, tú tienes más que eso —continuó Johan—, pero si no lo expones, te ha ganado. Juega limpio y sé buena persona. Ese es el secreto. Ser educado no significa ser débil. Ser contundente no significa ser rudo.

El capitán abrió la puerta y dejó pasar a Pol primero.

—Los deportistas somos personajes públicos —le recordó Johan—. Mucha gente se quiere ver reflejada en nosotros, especialmente los niños. Tenemos que ser un ejemplo para ellos. Nuestra conducta dentro y fuera del campo debe ser intachable.

—Yo lo procuro, es lo que mis padres me han enseñado —asintió Pol.

—Y hay que ser así en las situaciones fáciles y en las difíciles. Cuando todo va bien, es fácil. Pero, cuando las cosas no le van a uno bien y te pilla el mal humor, hay que prestar especial atención a ser educado y cortés.

El acceso al aparcamiento estaba controlado ese día por un portero distinto al habitual. Al llegar a su altura, Johan lo saludó y siguió, pero el portero lo detuvo por un momento y le cortó el paso.

—Eh, disculpe. No se puede pasar. Solamente con un pase puede cruzar esta puerta.

—Oh, no se preocupe, somos jugadores del primer equipo —le respondió—. Tenemos el coche ahí.

—Lo siento. ¿No tienen un carné o algún documento? —insistió el empleado, que les mostró su credencial.

—Pues no…, pero, hombre…

Con el murmullo que estaban creando, el jefe de seguridad, que estaba a unos cincuenta metros, se acercó rápidamente, pues intuyó lo que estaba pasando, y se dirigió al empleado, y le soltó:

—Pero, bueno, ¿no sabes quién es este señor? —le dijo—. ¡Es la estrella de nuestro equipo! Nosotros trabajamos aquí en parte gracias a él.

—Pues no, lo siento… —le contestó avergonzado mientras se dirigía a Johan.

—Tranquilo —le contestó sonriendo—, yo tampoco conocía tu nombre. Así que en realidad los dos estábamos igual.

El muchacho respiró aliviado y agradecido. Johan y Pol se dirigieron hacia sus coches.

—Procura dejar a los demás mejor de lo que estaban cuando dejes de hablar con ellos. Ese es el secreto para que te recuerden —reflexionó Johan en voz alta—. Saluda siempre a todo el mundo, al entrar y al salir. Nunca sabes quién te va a ayudar ni sabes cómo está esa persona ese día. Tú puedes alegrárselo al prestarle un minuto de tu atención. Recuerda: ser amable no significa ser débil, ser fuerte no implica ser rudo.

Pol redobló su atención durante el resto de la semana. Ese jueves, Jimmy le hizo una entrada durísima, Pol saltó por encima, lo evitó y siguió jugando. Esto enfureció más a Jimmy, que en la siguiente acción le volvió a entrar con mayor dureza y se lanzó a sus pies. Pol, que lo vio llegar, frenó su movimiento y Jimmy pasó de largo, de modo que se golpeó con una valla que había cerca del límite del campo. El impacto fue terrible y Jimmy acabó dañado gravemente en la pierna derecha. Fue trasladado rápidamente al hospital porque la herida estaba abierta. El incidente dejó a todo el equipo helado y, como faltaba poco para terminar el entrenamiento, el míster decidió darlo por acabado.

Jimmy tuvo que ser operado esa misma tarde y le dijeron que tenía que pasar unos días en el hospital y varios meses sin jugar.

* * *

Al día siguiente, después de entrenar, Pol se dirigió al hospital a ver a Jimmy. Al cruzar el vestíbulo se detuvo en el quiosco y compró tres revistas de coches.

Cuando llegó a la puerta, golpeó con los nudillos y entró. Jimmy estaba tumbado en la cama y tenía la pierna derecha enyesada. Su cara de sorpresa era mayúscula, ya que Pol era la primera persona que iba a visitarlo.

—Hombre, Pol, ¿qué haces aquí? —le preguntó.

—Pensaba que estaría bien venir a verte para estar un rato contigo. ¿Cómo estás?

—Pues aquí, mira, enyesado y esperando a ver qué me dicen. Pero, vaya, cuatro meses no me los quita nadie. ¡Vaya manera de acabar la temporada!

—Pues sí, pero vamos a esperar lo que dice el doctor…, quizás no sea tan grave. Yo me recuperé rápido de mi lesión, ¡seguro que tú también de esta!

Pol metió la mano en la bolsa que llevaba y le extendió las revistas a Jimmy.

Este, sorprendido más todavía que antes, le preguntó:

—¿Y esto qué es?

–He pensado que, si tienes que estar algunos días aquí, podrías distraerte con las revistas. Siempre escucho que hablas de coches y te he visto alguna vez con revistas, así que he pensado que te gustarían.

La cara de Jimmy cambió de repente. Toda la rudeza que tenía cuando hablaba, especialmente con Pol, se tornó en amabilidad.

–Caramba, Pol, muchas gracias, no sé qué decir...

–No me digas nada, léelas a ver si te distraen y te animan –le dijo, y le guiñó un ojo.

En ese momento entró en la habitación la esposa de Jimmy, que había estado comiendo en el restaurante del hospital.

–Bueno, ya estás acompañado otra vez –le dijo Pol–. Me voy..., supongo que los demás del equipo no tardarán en venir a verte. –Y se dio media vuelta. Pero, antes de llegar a la puerta, escuchó a Jimmy llamarle una vez más.

–Pol, ¿te acuerdas de la entrada que me devolviste el otro día?

–Sí, sí, lo siento...

–No, chico, no te disculpes. Por dentro me enrabietó, pero tengo que reconocer que en realidad me gustó. No te acobardaste y demostraste carácter. Vas a ser un gran jugador, Pol. Sigue trabajando, que eres un ejemplo para todos.

–Gracias, Jimmy –le dijo Pol un poco sonrojado–. Significa mucho para mí, y más viniendo de ti.

Mientras bajaba en el ascensor Pol pensó acerca de lo que le habían dicho Jimmy y Johan. «Los conflictos hay que encararlos con determinación y mostrándote tal como eres

—pensó—. Al final del día lo que cuenta es como tú te sientes contigo mismo.»

Al salir por la puerta del hospital, Pol respiró un día precioso, de los que le gustaban. El cielo completamente azul, sin ninguna nube y un sol radiante. El hospital estaba en la zona alta de Barcelona, de manera que se dirigió a uno de sus lugares favoritos para contemplar la ciudad. Casi llegando a la cima del monte del Tibidabo, justo a un lado de la ciudad, había un mirador desde el que se veía toda la ciudad. Le encantaba contemplarla imaginando las vidas de las personas que había allí y cómo él y sus compañeros detenían prácticamente el ritmo de la ciudad cada vez que jugaban un partido.

Estuvo unos diez minutos absorto y pensando. Sacó su libreta roja y escribió de nuevo la lección que acababa de aprender.

SER BUENA PERSONA

El carácter es importante. La firmeza es crucial, pero por encima de todo hay que ser buena persona.

Ante cualquier situación siempre voy a poner la honestidad por delante.

La bondad es un camino poco transitado, porque los resultados no llegan a corto plazo. Requiere paciencia y resiliencia. Primero debemos transformar nuestro interior para después manifestarlo en el exterior. Querer ser buena persona no es suficiente. Nuestros actos tienen que demostrarlo.

Es cierto que siendo buena persona hay un riesgo que debemos tener en cuenta: que se aprovechen de nosotros. Hay que ser bueno, pero estar atentos y no dejar que nos pisen. Lo más importante es actuar, actuar desde la bondad. Actuar como bueno. Si te quedas mirando y quejándote, se aprovecharán de ti y te pisotearán. Te utilizarán.

Actuar desarrollará tu carácter. Cuanto más actúes con bondad y más seguro te muestres, más carácter desarrollarás. Carácter de bueno. Y el carácter de bueno es cien veces más potente y más contagioso que el de ser un necio.

Porque, al final, jugar a ser bueno es jugar a otro juego. La verdadera recompensa por ser bueno no reside en la admiración de los demás, sino en la fortaleza del carácter. En la propuesta de un juego que está por encima del resto.

Un gran futuro no puede estar basado en la mentira. Ser grande implica ser honesto contigo mismo. Es imposible mantener una autoimagen positiva de nosotros mismos cuando sabemos que actuamos mal. Y para alcanzar mis grandes objetivos necesito que mi autoimagen genere pasión y fuerza verdaderas.

Al final, lo que cuenta, lo que realmente permanece, es lo que te ganas por tus méritos, no engañando a los demás. Ser tramposo o marrullero puede parecer beneficioso a corto plazo, pero nadie realmente grande consiguió su grandeza siendo un egoísta.

Actuar desde la bondad supone no reaccionar con rudeza aun cuando sabes que tienes razón. Hablaré positivamente aunque esté rodeado de negatividad. Responderé con buen carácter incluso a las agresiones de los demás. Pero ser bueno no supone ser débil ni ingenuo ni tímido.

Para ello voy a ser educado, honesto y felicitaré a los demás cuando se lo merezcan. Es importante aprender a perdonar, aunque eso no signifique olvidar, porque, si olvidas, te la pueden volver a jugar. Seré amable con todo el mundo.

Lo que hacemos pasa, pero la gente nunca olvida cómo la hiciste sentir, así que responderé siempre con amabilidad. Tendré siempre una sonrisa a punto. Procuraré sacar lo mejor de cada momento y, sobre todo, seré persistente porque sé que este es un camino largo.

Voy a vivir desde la bondad y voy a procurar contagiarla con mi ejemplo.

¿Qué ocurriría si todos fuésemos iguales en nuestra conducta? Si todo el mundo fuese bueno, el mundo sería un buen lugar para vivir. Pero, si todos fuésemos malos, acabaríamos destruyéndolo todo. Por eso decido ser y contagiar bondad.

MÁS: cuidaré mi lenguaje al comunicarme con los demás porque mi lenguaje escribirá mi pensamiento. Procuraré usar siempre un lenguaje positivo que transmita optimismo.

MENOS: evitaré juzgar a los demás. No buscaré sus errores, porque entonces no me quedará tiempo para corregir los míos. Si gasto energía en destruir, me faltará para construir mi mundo.

12.
Roma

Mientras el equipo de Pol iba avanzando con paso firme en el campeonato nacional, la Champions League se acercaba a su fase decisiva. Solamente los ocho mejores equipos de Europa participaron en el sorteo de los cuartos de final de esa edición.

Era principios del mes de marzo y el equipo de Roma no parecía *a priori* un equipo difícil de batir. El partido, sin embargo, resultó mucho más complicado de lo esperado. Una muy mala actuación de todos los jugadores hizo que perdiesen el encuentro por dos a cero, lo que puso muy complicada la clasificación para la siguiente ronda. Necesitaban una victoria por tres a cero en el partido de vuelta, y no era una tarea fácil en absoluto.

A la salida del estadio, cabizbajos, los jugadores se llevaron la sorpresa de que una treintena de los aficionados que se habían desplazado a verlos los estaban esperando cerca del autocar que tenía que llevarlos al aeropuerto.

Pol salía andando en silencio al lado de Johan y, cuando los aficionados los vieron aparecer, empezaron a corear sus nombres. Johan se saltó el protocolo y se dirigió hacia ese grupo de animadores.

–Chicos, lo siento. Hoy hemos estado fatal –les dijo, como disculpándose.

–¡No te preocupes, en casa lo remontamos! Ahí estaremos –le gritaron unos aficionados con una camiseta granate.

–No será fácil. Tres goles son demasiados goles, así que os vamos a necesitar mucho. Tenéis que venir dispuestos a jugar también.

–¿Nosotros podremos jugar? –le preguntó en plan divertido uno de los animadores, que lucía una frondosa barba.

–Pues sí –le respondió Johan–. Os necesitaremos más que nunca. Te aseguro que, cuando todo el estadio nos anima, es como si estuvieseis a nuestro lado, corriendo con nosotros y dándonos fuerza. Vosotros también sois parte del equipo si queréis. Cada uno tenemos nuestro papel. Nosotros jugando en el campo y vosotros animándonos, especialmente si la cosa se pone fea.

Les chocaron la mano a esa treintena de seguidores y se dirigieron en silencio y preocupados hacia el vehículo que tenía que llevarlos al aeropuerto.

Durante el largo desplazamiento desde el estadio de fútbol al aeropuerto de Roma el entrenador fue hablando con varios jugadores, pero no hizo ninguna reunión de todo el equipo a la vez.

En esa ocasión, no fue Johan quien fue al encuentro de Pol, sino Pol el que se acercó al capitán, que estaba abatido y preocupado.

—¿Qué te pasa? —se interesó Pol.

—Estoy jodido —respondió Johan con un taco, un lenguaje que no solía utilizar y que mostraba su estado de ánimo—. Hoy hemos perdido y este título se ha puesto muy difícil, pero, si seguimos así, no ganaremos nada —reflexionó pesimista—. Nada ha funcionado esta noche. No hemos sido un verdadero equipo.

—Sí, era un momento importante y creo que hemos pensado más en cada uno de nosotros que en ganar como un equipo —reconoció Pol.

—Cierto. Los delanteros no hemos hecho bien nuestra parte del trabajo, pero, además, ni siquiera apoyábamos al resto del equipo.

—Yo me voy el año que viene a los Estados Unidos a jugar —continuó—, y pensé que, si hacía un buen partido, me serviría como buena carta de presentación en mi nuevo equipo. Pero me he equivocado. He pensado más en mí que en el equipo y no lo he sabido transmitir... Qué rabia siento ahora —concluyó con un gesto de exasperación.

—Creo que no has sido solamente tú: nos ha pasado a más de uno.

—Pues tenemos que hablarlo —concluyó Johan.

El resto del viaje en avión fue difícil, silencioso y deprimente.

* * *

El entrenador habló al día siguiente antes del entrenamiento. Su voz fue como siempre, seca pero sin carácter recriminatorio.

–Supongo que nadie está satisfecho del último partido –empezó–. Ya he hablado con algunos de vosotros y creo que todos coincidimos en lo que ocurrió. Somos un equipo y todos somos corresponsables. Yo, como entrenador, el primero, porque no insistí lo suficiente en algunos aspectos mentales del juego, y vosotros porque sois los que jugáis y por no haber puesto al equipo por delante de cada uno de vosotros –resumió la situación con precisión y en pocas palabras.

–Tienes razón –reconoció Gianni–. Yo nací cerca de Roma y quería quedarme un día más después del partido para ver a la familia y a los amigos. Creo que no me preparé bien porque estuve pensando más en lo que ocurriría después del partido que en el partido en sí. No es que no saliese al cien por cien, pero creo que podría haberme preparado mejor –concluyó apesadumbrado.

–Pues a mí me ocurrió algo parecido –añadió Johan–. El año que viene voy a jugar a los Estados Unidos y pensé más en mi futuro que en nuestro presente. Siento de verdad que os he fallado a todos y como capitán os pido disculpas. Solo puedo deciros que trabajaré duro para que no vuelva a ocurrir.

–Yo creo que me preparé a conciencia –prosiguió Beni–. Me aprendí bien los movimientos de los delanteros. Tenía claro lo que hacer en cada momento, pero, cuando durante el partido vi que cada uno iba a la suya, me enfadé y empecé a pensar que, si cada uno va a la suya, pues yo haré lo mismo. No lo sé, creo que os podía haber dicho algo en lugar de callarme. Al final, enfadarme con vosotros no nos sirvió de nada a ninguno.

—Pues tenías razón de enfadarte con nosotros —reconoció David.

—Ya, pero no sirvió de nada. A veces tener razón no sirve. Lo que sirve es hacer las cosas bien. No importa quién tenga razón.

Los jugadores siguieron comentando aspectos del juego.

—Yo me hundí después del segundo gol —comentó Pol—. Empecé a pensar qué ocurriría si perdíamos el partido y, en lugar de lo que teníamos que hacer, empecé a pensar lo que dirían todos mis conocidos acerca de perder un partido en el que éramos favoritos.

—Pues yo me confié —añadió el portero cabizbajo al recordar su falta de acierto en el primer gol—. Pensé que el equipo está por encima de todos y que, si yo no tenía el día, entre todos, como siempre, lo tiraríamos adelante… Pero me he dado cuenta de que la mejor manera de ayudar y servir al equipo es mostrar nuestra mejor versión por adelantado. Solo entonces viene el resto.

—Pues parece que está claro lo que ocurrió —concluyó el míster—. No nos preparamos bien porque pensamos más en el futuro que en el presente y durante el partido nos sorprendieron con su intensidad de entrada y con los dos goles tan pronto.

Los jugadores asintieron con la cabeza.

–A partir de ahí –siguió–, el miedo a perder todavía nos desconcentró más y dejamos de prestar atención a lo que habíamos planeado antes de empezar, dejamos de jugar como un verdadero equipo, y el partido se nos fue de las manos.

–Querrás decir de los pies –apostilló el habitual chistoso.

Un conato de carcajada se inició en varios jugadores, pero fue atajada de inmediato por la mirada seria del entrenador, que duró solo tres segundos antes de empezar a reír, lo que provocó una carcajada general que relajó el ambiente.

–Veréis, nuestro rendimiento depende de dos factores –los aleccionó–. De lo bien que juguemos como equipo, es decir, de nuestro plan de partido, y de nuestro sistema de juego por un lado, pero también de que juguemos como un verdadero equipo, con los valores que hacen grande a un grupo de personas. Si no somos generosos en el esfuerzo, ¿cómo podemos ayudar a los que no tengan un buen día? Todos debemos dar más de lo que los demás esperan de nosotros. La mejor manera de servir al equipo es que cada uno demos nuestro máximo. No lo que los demás esperan, sino todo lo que podamos.

Las palabras del entrenador empezaron a calar en los jugadores.

–Yo creo que también es importante que seamos amigos –intervino Hugo.

–No hace falta que seamos amigos –le contradijo Jimmy–. Somos profesionales.

–Tienes parte de razón, Jimmy. Si todo fuese bien, no haría falta que todos fuésemos amigos –reconoció Johan–. Pero, cuando las cosas vayan mal, y siempre habrá un momento en que irán mal, si somos amigos, lo arreglaremos y procuraremos hacerlo rápidamente. Si no somos amigos, lo más probable es que cada uno vaya por su lado.

Los jugadores empezaron a mirarse entre sí y a asentir con la cabeza a las palabras de Johan, incluso Jimmy.

—Decidme —prosiguió el entrenador—: ¿cuál es vuestro sueño?

—¡Ganar la Champions! —respondieron al unísono prácticamente todos los jugadores.

—¿Y quién creéis que la va a ganar este año? —continuó mientras miraba sucesivamente a todos los integrantes del equipo, que estaban sentados en el banco del vestuario.

Los jugadores mantuvieron un silencio sepulcral.

—Pues no lo sé —se aventuró Alan—. ¿Quién crees tú?

El míster adoptó una pose erguida y solemne:

—Pues no lo sé. No lo sabe nadie. Quedan ocho equipos. Eso era obvio.

—Pero sí que sé una cosa: el equipo que gane ahora mismo está sentado en un banco como lo estáis vosotros. Repito: solo quedan ocho. Todos en las mismas condiciones. El que se lo merezca más de aquí a la final, ese será el que gane.

—El ganador no está escrito —prosiguió levantando la voz y dando un toque de solemnidad a sus palabras—. Lo escribirán las acciones que hagamos y lo comprometidos que estemos. Los ocho equipos van a entrenar hoy y cada día hasta llegar a la final, y el que lo haga mejor, cada día, cada entrenamiento, cada minuto..., ese será el ganador. De nosotros depende. Yo estoy dispuesto a hacer lo que haga falta para ganar —dijo en tono retador—. ¿Y vosotros?

Varios jugadores del equipo se levantaron a la vez y gritaron:

—¡Claro! ¡Yo también!

—Y yo.

—Y yo.

—Y yo también...

—Escuchad bien, chicos. En toda mi carrera como entrenador, y ya llevo unos cuantos años, solamente me he encontrado con una cosa mejor que ganar. Es tenerlo perdido y conseguir una victoria aplastante viniendo desde atrás. La cara de los jugadores cambió por completo al oír esa frase. Empezaron a levantar la cabeza y se levantaron enérgicamente con ganas de volver a entrenar. El míster había conseguido cambiar la mentalidad del equipo con su charla.

* * *

El trabajo durante la semana fue intenso. Johan y Pol se encargaron de recordar a los jugadores que la derrota en Roma debía servirles para motivarlos a preparar bien el partido.

—Si trabajamos duro, el partido será menos difícil —decían tres o cuatro veces por entrenamiento—. Y, recordad, solo hay una cosa mejor que ganar...

El equipo se preparó a conciencia y el inicio del partido fue de una intensidad que sorprendió al equipo rival. Alan consiguió un gol en el minuto cuatro y quedaba todo el partido por delante. Les faltaban todavía dos goles más, pero una sensación de optimismo recorría el estadio.

Sin embargo, en el minuto diez del segundo tiempo, tras una jugada fenomenal del equipo romano, su delantero centro y goleador consiguió un gol que dejó helado al equipo y al estadio. Las caras de los jugadores empezaron a mirar hacia el suelo y, por mucho que Pol y Johan intentaron animarlos uno a uno, parecía que ese gol certificaba la caída del equipo de la Copa de Europa.

Se dirigieron con el balón hacia el centro del campo para reiniciar el juego. El árbitro hizo sonar el silbato, Pol le pasó el balón a Johan, Johan a Alan, Alan a David…

Y de repente ocurrió algo increíble.

Llegó desde la esquina en la que estaban aquellos seguidores que habían encontrado en Roma y se extendió por todo el estadio en cuestión de segundos. Era como una fuerza huracanada que empujaba a todo el equipo hacia delante. Era como si el aire, de repente, entrase por debajo de la camiseta de los jugadores y los hiciese volar sin tocar el suelo, duplicando la velocidad de los pases y los desplazamientos.

El jugador número doce había empezado a jugar.

Durante varios minutos, el nombre del equipo empezó a resonar por todo el estadio. Estaba en todas partes, en las esquinas, en las bandas, en el centro del campo, en todos sitios. El público empezó a corear el nombre del equipo y de los jugadores y se unió al partido como un jugador más. El estruendo, además, empezó a desconcertar al equipo de Roma, que en cuestión de tres minutos encajó dos goles casi

consecutivos. Primero Pol y después Johan ponían la eliminatoria a punto a falta de diez minutos y el cuarto gol llegaba
irremediablemente a falta de siete minutos para el final.

«Cuando el público está así, es imposible jugar mal», pensó Pol.

La victoria, trabajada, les daba el pase a la siguiente ronda. Habían estado a punto de quedar eliminados, pero la
fuerza del equipo, incluyendo al público, había sido clave.

Cuando al final del partido los jugadores aplaudieron
desde el centro del campo al público, la sensación de inven-
cibilidad se apoderó del equipo. Una sensación que hacía
tiempo que no sentían y que auguraba un final de temporada grande.

Después de cenar y de celebrarlo con sus hermanas y con
su novia, Pol se quedó un rato pensativo por todo lo acon-
tecido y escribió una nueva entrada en su libreta. La libreta
que siempre lo acompañaba y que tanto leía y releía.

EL PODER DEL EQUIPO

Objetivos pequeños pueden alcanzarse en solitario. Para objetivos grandes necesitamos contar con un equipo.

Puedes recorrer mucho camino solo. Puedes luchar lo indecible, pero, cuando tu objetivo sea realmente grande, necesitarás a un equipo que te apoye. El equipo te dará fuerza y te apoyará hasta donde tú no llegues. El equipo te complementará.

He llegado hasta aquí porque quiero ser grande, porque quiero entregarme a una causa mayor que yo. Ahora sé que solo y por mi cuenta no llegaré tan lejos como si me rodeo de un buen equipo.

Hay gente a la que no le gusta trabajar en equipo porque no le gusta compartir ni el trabajo ni el mérito por haberlo logrado. Sin embargo, esta es la paradoja que debemos superar para ser realmente grandes. El tamaño de la victoria es incomparable cuando trabajamos como un equipo. Para ser realmente grandes y alcanzar objetivos fascinantes, debemos abandonar el egoísmo y la petulancia para entregarnos a la humildad de compartir los triunfos.

Rechazar el trabajo en equipo es percibir el mundo desde la escasez, es mirar a corto plazo, es ver la vida en pequeño. Quien tiene miedo de compartir verá recortadas sus recompensas. Un integrante solo no puede hacerlo todo y, por lejos que pudiera llegar, ese resultado no sería más que una pequeña parte de adonde podría haber llegado si lo hubiese hecho con un equipo en el que todos colaboran con esa intensidad y compromiso.

¿Y cómo lo haré?

Seleccionaré a los integrantes de mis equipos en función de su actitud y de su talento. El talento nos dará calidad y la actitud nos hará grandes.

Para que el equipo me dé, yo tengo que darle al equipo más de lo que ellos esperan. Ese es el primer paso. También debo tener la suficiente humildad para dejarme ayudar cuando lo necesite. Debo dejar brillar a los demás y no querer acaparar siempre yo toda la atención.

Seré una fuente inagotable de entusiasmo cuando me comunique con el equipo. El entusiasmo invitará a la generosidad y, si todos damos más de lo que damos normalmente, el resultado final será superior a la suma de nuestros esfuerzos habituales. Solo así podremos conseguir la sinergia que hace que uno más uno sume tres.

¡La gente apoya y lucha por aquello que ayuda a crear! Si hacemos a la gente partícipe del equipo, siempre nos dará su apoyo.

Y, cuando todos nos apliquemos al cien por cien en la implementación de esta solución, no solamente llegaremos al lugar que queríamos, sino que incluso traspasaremos la barrera de aquello que parecía imposible.

Dejaré de pensar individualmente. Pensaré más en nosotros que en mí.

Felicitaré a los que se entreguen como corresponde, pero también exigiré a los demás que se hagan responsables de sus actos y especialmente de aquellas acciones que no hagan. Cuando adquiramos un compromiso como equipo, será importante que entre todos nos mantengamos unidos y lo demos todo. Y mi capacidad de pedir y exigir a los demás por el bien del equipo solo puede estar sustentada por una entrega incondicional mía del cien por cien.

Crearé equipos en mi vida para que esté más llena. Mi primer equipo será mi familia. Su apoyo me permitirá tener siempre la ilusión de ganar para compartir los triunfos y las recompensas con ellos. Y yo también estaré pendiente de ellos para darles mi apoyo siempre que lo necesiten.

Mis amigos, especialmente los del equipo, también serán otro equipo. Procuraré que siempre seamos un equipo de amigos. Compartir es mejor que estar solo y me apoyarán si estoy débil.

Procuraré conocer bien a mis compañeros de equipo. Eso me hará merecedor de su confianza y, cuando afrontemos los retos más difíciles o cuando las dificultades se crucen, en los malos momentos, nuestra amistad y complicidad nos ayudarán a encontrar una solución aceptada por todos y puesta en común.

Y crearé también una alianza con el público. Sí. El público también forma parte de nuestro equipo. Cuando vean nuestra pasión en la entrega, cuando nos vean jugando con el corazón, estarán deseosos de venir cada partido a disfrutar y a llenarse de motivación contagiados por nuestra manera de entregarnos.

Cuando consigamos inocularles nuestra pasión por lo que hacemos, ellos podrán trasladar a sus propias vidas el orgullo, el entusiasmo y la pasión que sientan cuando nos vean jugar. Al final, servirles a ellos es lo que da sentido a nuestro equipo.

Trabajaremos siempre en equipo porque con la fuerza del equipo nada es imposible.

MÁS: me responsabilizaré de contagiar entusiasmo a los miembros de mi equipo para que todos se sientan inspirados a dar más.

MENOS: dejaré de pensar en que tengo todas las soluciones y confiaré en los demás integrantes del equipo.

13.
Coraje

La mañana se había levantado clara. Era uno de esos días perfectos para Pol. «Si hace sol, para mí ya es un buen día –pensaba–. No importa si hace frío, porque, si hace sol, ya tengo ganas de todo.»

Había estado mirando algunas cintas de vídeo de su próximo adversario porque era un partido importante. En tres días jugaban en casa del máximo rival para el título del campeonato nacional y ganarle suponía quedar solamente a una victoria del título.

Ese miércoles llegó pronto al vestuario. Como ocurría con cierta frecuencia, Johan había llegado antes que nadie.

–Hola, Pol, ¿qué tal, cómo vas hoy? –lo saludó.

–Bien, bueno, un poco nervioso, pero bien –respondió Pol.

–¿Por qué? –se extrañó Johan.

–El sábado hay un partido muy importante. Si ganamos, ¡casi tendremos la liga!

–Pues ya tenemos la experiencia del partido de cuartos de final perdido. A prepararnos y a pensar solo en el momento –le recordó el capitán.

–Sí, sí, eso está claro, pero hay más.

–¿Como qué?

–El partido es difícil. El rival es muy bueno –le explicó Pol–. Podemos perder. Aunque nos preparemos bien, podemos perder.

–Sí, tienes razón –reconoció Johan–. Los de Madrid son un gran equipo. ¡Nos pueden ganar aunque juguemos bien!

–¿Y a ti no te da miedo? –preguntó Pol.

–Pues claro, aunque yo lo llamo motivación. Antes, cuando era joven como tú, lo llamaba ilusión, así, en lugar de asustarme y paralizarme, me motivaba.

Pol pensó que era interesante llamar a las cosas de manera diferente para cambiar lo que nos hacían sentir.

–¿Y es así de fácil? –se sorprendió–. Cambiarle el nombre, ¿y ya está?

–No, no es tan fácil –respondió Johan–. Hay que actuar en consecuencia. Recuerda. Actúa, actúa, actúa.

–Pero podemos perder –repitió Pol–. A mí me acojona un poquito.

–¡Y a mí! Ese poquito de miedo o respeto es bueno porque nos recuerda que no debemos bajar la guardia y que debemos prepararnos. El miedo no es malo, pero también debemos enfocarnos en la seguridad de que nosotros también les podemos ganar. De hecho, en la primera vuelta les ganamos –le recordó.

La conversación siguió mientras se cambiaban la ropa de calle por la equipación de entrenamiento.

–Si salimos a ganar, podemos ganar o no –reconoció Johan–. Eso dependerá de lo que hagamos durante el partido. Pero, si no salimos a ganar, nunca lo sabremos. ¿Te acuerdas de cuando te hablaba de jugar, competir y ganar?

–¡Ah, sí! –respondió Pol.

–Pues ahora es el momento de competir y ganar –afirmó Johan totalmente convencido–. Saldremos a competir. A darlo todo. Y diremos que queremos ganar. Porque exponernos públicamente nos mantendrá más intensos. Cualquier cosa que podamos hacer que nos ayude será importante.

Lo que siguió en la conversación cambiaría la vida de Pol para siempre.

–Dime una cosa, Pol: ¿qué es lo que te da realmente miedo?

–Johan, no me da miedo perder.

–¿Entonces?

–Me da miedo ganar.

Hubo unos segundos de silencio que pareció que se alargaban una eternidad. Pol no se podía creer lo que decía. Pero era cierto. Estaba a punto de descubrirlo todo.

–Johan, perder es más fácil –reconoció–. Quiero decir que solamente un equipo va a ganar la liga, los otros quince van a perderla. Si ganamos, estaremos en esa pequeñísima élite de ganadores y se nos va a exigir ganar siempre. Desde luego, el resto de los partidos que quedan. Si no los ganamos, quedaremos como unos auténticos perdedores, mucho más que si solamente perdemos mañana. ¡Madre mía! No me puedo creer lo que estoy diciendo. –Pol se puso las manos en la cabeza.

—Tranquilo, es normal —lo tranquilizó Johan—. A mí también me pasaba al principio.

—¿En serio? —se sorprendió Pol.

—Lo que dices es cierto. Es más fácil perder. De hecho, es más cómodo perder —le aseguró el capitán—. Es más fácil encajar en el noventa y nueve por ciento que pierde que en el uno por ciento que gana. Por eso muchos jugadores se autosabotean. Creen que no serán capaces de aguantar la presión en los siguientes partidos. Prefieren perder ahora al riesgo de perder dentro de unas semanas. Tienen la sensación de que, si pierden cuando están más arriba, la caída será peor. Y no deja de ser cierto —reconoció Johan—, pero ¿sabes una cosa?

—Dime —dijo Pol, absolutamente absorto en las palabras de Johan.

—Pues la calidad de nuestras vidas depende en gran parte de nuestra capacidad de controlar en los momentos de incertidumbre.

Pol seguía siendo todo oídos.

—Luchar por estar arriba en todos los campeonatos exige tener el coraje de reconocerlo —siguió Johan—. Pol, mantén siempre elevada la ambición, crece, trabaja en equipo y controla tu estado emocional y el de los demás. Te darás cuenta de que vivir en la incertidumbre con control es vivir la vida a otro nivel. No te estoy hablando solamente de estar en la élite, sino en ese limitado cinco por ciento que forma el *TOP* de la élite.

Los ojos de Pol se abrieron como platos. Su corazón empezó a latir un poco más rápido por las palabras de Johan. Pol acababa de tomar la decisión de estar siempre arriba. Ya nada sería nunca igual.

La conversación se vio interrumpida por la llegada del resto de los jugadores y tuvieron que dejarla con esa última reflexión de Johan.

La charla del día siguiente al partido fue especial y el entrenador dijo algo que Pol jamás olvidaría.

–Muchachos –dijo el míster–, este fin de semana tenemos dos retos. Uno en el campo. Otro en nuestra cabeza. Si hacemos un buen partido, no será suficiente. Tendremos que hacer un gran partido. Pero estoy preocupado por la actitud que mostraréis y no quiero esperar al día del partido porque ya sería demasiado tarde.

–¿Acaso dudas de que saldremos a tope? –se indignaron varios jugadores al unísono.

–No, no dudo de que saldréis al máximo –los tranquilizó el míster–. Pero dudo de cual pensáis que tiene que ser nuestro máximo.

–¡Pues salir como salimos en casa! Les ganamos, ¿no? Pues hay que salir igual –dijo Tom, el portero, que levantó la voz para animar a sus compañeros.

–¡Eso es lo que me da miedo! –señaló el entrenador–. Que solamente salgamos igual. Mirad, ellos salieron bien contra nosotros, ¿no? Es decir, salieron a ganar y no salieron menos motivados e intensos que nosotros, ¿no?

–Es cierto –reconoció alguien–. Salieron bien y jugaron bien, pero les ganamos.

—Sí —asintió el míster—, salieron como nosotros. ¿Acaso lo dudáis?

—Pues supongo que sí, salieron como nosotros —respondieron varios compañeros al mismo tiempo.

—Nosotros ganamos y queremos salir igual. Ellos perdieron y creéis que saldrán igual o que saldrán con mayor intensidad que en casa —reflexionó el entrenador.

—Pues van a salir mucho más, porque pensarán que, igual como salieron, perdieron, así que estarán preparándose más y mejor —reconoció Alan.

—Exacto. Si salimos igual que en casa, ellos nos arrollarán en los primeros quince minutos, nos marcarán y ya sabéis lo que ocurrió en Roma, ¿no? —El míster les recordó su peor pesadilla.

—¡Uf, pues sí! —exclamaron todos con incomodidad.

—Entonces tenemos que salir más que en casa. Tenemos que pensar cómo saldrán ellos y salir igual o por encima —añadió el míster.

—¡Sííííí, así es! —exclamaron tres jugadores a la vez.

—¡Sí! ¡Tenemos que salir a comérnoslos! —remachó el gracioso con un gesto acorde con la idea de merendarse al rival.

El míster se echó un poco para atrás y concluyó:

—Ahora estoy más tranquilo. Veo que lo habéis entendido. Ese es el punto. A cada partido difícil hay que ser más competitivo. Pensad en ello estos días antes y durante los entrenamientos y el sábado a hacer nuestro trabajo. —Dejó que las palabras calaran en sus jugadores—. Quiero que tengáis confianza. Si salimos a hacer lo que sabemos, les ganaremos.

El partido será largo y difícil, pero ganaremos. Ya lo hicimos en casa, veo lo que hacéis en cada entrenamiento y sé que lo haréis mañana. Creo en vosotros.

Esa tarde, Pol fue directo a casa. Quería descansar como merecía el partido del día siguiente. El apartamento de Pol estaba situado en lo alto de su edificio, a dos calles del estadio. Desde la terraza de la parte delantera se podía ver el mar y desde la terraza trasera, que daba al oeste, se podía divisar en ese momento una preciosa puesta de sol. Se preparó una taza de café muy caliente. Le gustaba el café caliente, pero lo que más le gustaba era el olor a café. Dejó que este impregnase todo su olfato y fue a por su querida libreta. No podía dejar de pensar en lo que le había dicho a Johan: que le daba miedo ganar. Pero había decidido armarse de coraje e ir a por todas. En ese momento se dio cuenta de que no era solamente ese partido lo que quería. En ese momento en que el sol casi desaparecía por el horizonte rojizo empezó a interiorizar que lo que realmente quería era estar entre los grandes. Y casi sin darse cuenta empezó a escribir en su libreta…

CORAJE

Quiero vivir con coraje. Quiero sentir esa emoción cuando me enfrente a un reto que es superior a mis capacidades actuales. Quiero ese impulso vital que me empuja a tomar riesgos para obligarme a desarrollar todo mi potencial, porque, si no, quedará dormido a la espera de acciones importantes.

El coraje es esa emoción que generamos cuando nos enfrentamos a un reto que al principio es superior a nuestras capacidades. Es ese impulso vital que nos lleva a tomar riesgos y nos ayuda a desarrollar todo nuestro potencial. El coraje revela quiénes somos y de qué estamos hechos.

El coraje nos lleva a la acción en los momentos difíciles, en los que es más fácil fallar. Nos expone ante los demás y nos asusta por el miedo a la crítica si fallamos. Pero una vida sin coraje nos lleva a no hacer nada, a no arriesgar nada.

El principal enemigo del coraje es la zona de confort. Esa zona de muerte lenta en la que pasamos demasiado tiempo. A veces preferimos no arriesgar porque eso nos da una falsa sensación de seguridad y no nos damos cuenta de que esa falsa sensación es mucho más dañina que el peligro de arriesgar.

Vivir sin coraje supone menospreciar el enorme potencial que todos tenemos y darles argumentos a las creencias que harán que duerma. En realidad, vivimos enjaulados en nuestras propias creencias de incapacidad cuando está más que demostrado que vivir la vida con coraje hace que precisamente desarrollemos todos nuestros talentos y la confianza en nosotros mismos se agigante.

Podemos desencadenar el coraje cuando llevamos el corazón hacia nuestras decisiones. Aunque creamos que no tendremos recursos suficientes, en realidad lo que ocurrirá es que, al aceptar el riesgo, esto desencadenará todo lo necesario para poder desarrollar unos hábitos que jamás se habrían desarrollado de no habernos atrevido con ese reto tan grande. Cuanto mayor sea el reto perseguido, mayor crecimiento debe producirse.

Si no cuestiono mi potencial y lo expongo a retos mayores que él, nunca creceré. En cambio, si lo hago, los recursos empezarán a aparecer delante de mí casi sin darme cuenta. En realidad, siempre estuvieron allí, pero, como no hubo que usarlos, quedaron hibernando hasta una mejor ocasión.

El coraje me empujará a la acción y esta a los resultados necesarios para crear mi futuro y perseguir cosas que realmente valgan la pena. Al final, el coraje será la llave que abra la puerta hacia mi mejor versión.

MÁS: cuando dude en una decisión para la que necesite coraje, elegiré la que resuene más con mi corazón y no esperaré a haber acertado, sino que haré que esa sea la mejor opción.

MENOS: dejaré de temer al futuro y en su lugar mantendré la esperanza de desarrollar los recursos necesarios para llevar a cabo todo lo que me proponga.

14.
Liderazgo

El inicio del partido fue trepidante. El equipo de Pol salió en tromba y dominó los primeros veinte minutos. Incluso tuvieron varias opciones de marcar, pero el portero rival estuvo perfecto en sus actuaciones. El rival se empezó a recomponer y, a raíz de esas paradas del portero, el público, su público, empezó a animarlos y parecía que les salían alas de cómo corrían. En el minuto treinta y cinco, el partido se puso cuesta arriba. No les habían marcado en los primeros quince minutos, pero en el minuto treinta y cinco el equipo adversario anotó el primer gol.

Cuando el árbitro señaló el final de la primera parte, el entrenador se reunió con sus ayudantes los primeros minutos, como siempre. Al entrar en el vestuario, algunos jugadores, cabizbajos, empezaron a rumorear.

Johan se puso en pie y les dijo:

–Escuchad, se cómo os podéis estar sintiendo. Hemos trabajado y nos hemos preparado bien. Y vamos perdiendo a pesar de ello. Pero no estamos jugando mal y ellos lo están haciendo perfecto –resumió la situación–. Si mantenemos el nivel en la segunda parte, podemos remontar el partido y ganarlo. Ellos juegan bien con el marcador a favor, pero, si empezamos a sembrarles dudas, ¿no creéis que se pondrán nerviosos? Algunos jugadores asintieron.

—Recordad que debemos jugar como un equipo, con las líneas más juntas para ayudarnos cuando haga falta y para recuperar rápidamente la pelota cuando la perdamos —ordenó el capitán—. Nos van ganando, ¡es normal! Juegan en casa, su público los apoya y parece que vuelen. Pero nosotros podemos y vamos a jugar mejor. Ahora, cuando entre el míster, lo escuchamos y a todo lo que él diga le metemos un cincuenta por ciento más de intensidad.

Dejó que sus compañeros fueran asimilando lo que esperaba de ellos en la segunda parte.

—El partido de hoy decide la liga —dijo mientras miraba a Alan—. Quedan cuarenta y cinco minutos. Yo no sé quién va a ganar hoy, pero sé que eso solo depende de lo que nosotros hagamos en la próxima parte.

Algunos levantaron la mirada hacia el reloj colgado en la pared, como para asegurarse de que los segundos iban pasando, inexorables.

—Hugo, tú tienes más fútbol en tus botas que el que has demostrado en la primera parte.

Hugo respiró profundamente y concentró la mirada en señal de aceptación.

—Si tú te haces grande, si nosotros nos hacemos grandes, ellos se harán pequeños —prosiguió la arenga del capitán—. Si nosotros los presionamos, ellos se tendrán que defender. Si hacemos que la pelota vaya rápida, ellos se cansarán. Y cuando estén cansados les podemos marcar tres goles en cinco minutos. Solo tenemos que creérnoslo. –Miró con intensidad el rostro de sus compañeros–. Somos mejores de lo que hemos demostrado, ¿o no? –los retó.

–Claro, sí, claro que sí. Vamos a por ellos –se escuchó la voz de varios jugadores del equipo.

La voz de Johan cada vez sonaba más rápida y fuerte.

–Martin –le dijo mientras lo miraba a los ojos–: te conozco desde que llegué y sé que nos puedes dar más. Que no quede nada sin dar de lo que tenemos. Que salgamos del campo con la certeza de que lo hemos dado todo y que podamos dormir tranquilos esta noche porque hemos luchado hasta el final.

Para cuando entró el míster, el ánimo del equipo era completamente diferente. Nada más entrar el entrenador, los jugadores se levantaron con ganas de salir. Lo escucharon de pie. El míster dio las indicaciones de juego necesarias, y todo lo que decía volaba a ciento cincuenta revoluciones en la cabeza de los jugadores.

Cuando la segunda parte empezó, el equipo fue un vendaval. Salieron y Pol consiguió el gol del empate antes del minuto diez. Llevaron la iniciativa durante toda la segunda parte y, a falta de diez minutos, el árbitro señaló un penalti a favor. Johan lo lanzó y anotó el gol que prácticamente les daba la liga.

Cuando salieron, una multitud de fans esperaba a Johan, que se quedó saludándolos y agradeciéndoles que hubiesen ido a animarlos tan lejos.

–Todo esto lo hacemos por vosotros –les dijo–. Sin vosotros esto no tendría sentido.

No dejaron de corear su nombre hasta que subió al autobús.

Pol le preguntó por lo que había ocurrido en la media parte.

–Johan, has estado genial en el vestuario, durante la media parte. Eso era lo que necesitábamos oír. Creer más en nosotros mismos.

–Pol, yo me voy a final de temporada –le explicó Johan–, el año que viene habrá momentos en los que tendrás que hablar tú. Cuando el equipo está perdido, necesita una luz. Alguien tiene que ser esa luz. Tú puedes serlo.

–¿Yo? –se sorprendió Pol.

–Alguien tiene que hacerlo. Cuando el equipo está nublado, alguien tiene que disipar esa niebla.

–Para eso ya está el míster, ¿no? –le recordó Pol.

–Sí, claro ese es el trabajo del míster, pero él ya tiene bastante tarea pensando en el juego. Si lo hacemos nosotros, es mejor –le explicó Johan–. Además, no todos los jugadores le hacen caso por igual, pero tú eres uno más como ellos. A ti te harán caso.

–¿Y cómo lo hago? –se interesó Pol.

–Hablándoles y mostrando seguridad en lo que dices.

–Ya, pero ¿de qué les hablo? ¿Qué les digo para convencerlos?

El tráfico denso del domingo hacía que el trayecto relativamente corto entre el estadio y el aeropuerto se estuviera eternizando.

–Ahora te lo digo, pero, antes, respóndeme a una pregunta. ¿Qué crees que pasaba en la media parte?

–Que estábamos hundidos –respondió Pol–. No es que no supiésemos lo que teníamos que hacer, sino que estábamos un poco asustados. Y, claro, cuando nos asustamos, nada sale bien.

–Claro. ¿Por qué crees que estábamos asustados? –siguió Johan con el interrogatorio.

–Muy fácil. Solo pensábamos en lo que estaba saliendo mal y en cómo podían ir las cosas a peor –explicó Pol.

–Exacto. Respóndeme: ¿de qué depende tu estado de ánimo? Normalmente.

–Uy, no lo sé, creo que nunca pienso en ello.

–Pues eso suele ser un problema, porque, si nunca piensas en dirigir tu estado de ánimo, otros lo dirigirán por ti –sentenció Johan en el momento en que el enésimo semáforo había decidido que el autocar se volviera a detener.

–¿Otros? ¿Quiénes? Yo no le importo a nadie –se sorprendió Pol.

–Te equivocas. Te lo dirigirán tus amigos, los rivales, el míster, la prensa…, todos te harán pensar como a ellos les interesa.

–Ya, es cierto.

–Te repito la pregunta: ¿de qué depende tu estado de ánimo? –insistió Johan.

–Pues no lo sé…, ah, sí, de cómo pienso. Cuando pienso que las cosas van a salir bien, estoy enchufado –reconoció Pol–. Ahora que lo dices, creo que me desenchufo cuando pienso solo en las cosas negativas, cuando creo que las cosas me van a salir mal. ¿Sabes una cosa?

–Dime –lo animó Johan.

–¡Entonces me encojo! ¡Me hago pequeño! ¡Me quedo bloqueado!

–Por eso tenemos que enseñarles a pensar en sí mismos. De eso hay que hablarles.

Nuevo avance y otro semáforo en rojo. Parecía que el sistema de señalización no se había tomado demasiado bien la derrota del equipo de la capital.

–Mira. Nuestro estado de ánimo depende mucho de dónde ponemos nuestra atención –prosiguió Johan–. Por eso tenemos que enseñarles a pensar mejor acerca de sí mismos. Tienes que hacer que se sientan más grandes, todo lo grandes que pueden llegar a ser. Pero hazlo convencido porque tú los ves así.

–¡Es que son muy buenos! –reconoció Pol–. Si no, no estarían aquí.

–Pero las consecuencias del resultado, el griterío del público, el ambiente a veces puede con nosotros. Tú serás el responsable de que el equipo vuelva a creer en sí mismo –insistió Johan.

–Te entiendo, ¿y eso es todo?

–No. Falta lo más importante. Tú tienes que ser un ejemplo. Cada minuto de entrenamiento y cada partido. Tienes que exigirte más tú a ti mismo de lo que nadie te exija. Solo así ellos te harán caso. Pero, si lo haces así, serás su referente y su luz. El día en que lo interiorices tu mera presencia les hará confiar más en ellos mismos porque tú estás ahí.

–Es cierto –asintió Pol–. Tú lo tienes. Cuando tú estás en el campo, tengo confianza porque sé que las cosas saldrán bien.

–Yo también lo aprendí. Hay gente que lo llama liderazgo. Yo lo llamo servir al equipo en lo que necesita y cuando lo necesita –concluyó Johan cuando ya se vislumbraban, finalmente, las luces del aeropuerto.

Pol había quedado fascinado por la seguridad y la determinación con que Johan se había dirigido al equipo en la media parte. Realmente no era solo un jugador, sino un auténtico líder en quien todos confiaban y de quien todos esperaban sus palabras. Pagaría lo que fuese por llegar a ser algún día como él, así que decidió llevar todas esas ideas a su libreta roja. Esa iba a ser una de las entradas más importantes, la que le iba a permitir transformar al equipo y poder llevarlo siempre hacia el siguiente nivel.

LIDERAZGO

Siempre perseguiré mis sueños. Siempre armaré un gran equipo para hacerlos realidad. No siempre será fácil y, cuando vengan los momentos desafiantes, me erigiré en la luz que ilumine e inspire a todos. La luz que mantenga claro el enfoque en el objetivo. Hay momentos en la vida en que hay que dar un paso al frente para servir al colectivo. Yo siempre estaré ahí.

Ese es el momento del liderazgo.

No me conformo con lo que tengo. No me conformo con lo que soy. Doy gracias por lo que tengo, pero quiero ser más. Sé que si dibujo un futuro brillante y me dirijo hacia él, lo alcanzaré.

Los grandes objetivos se consiguen con un equipo. Y ese equipo, por bueno que sea, siempre tendrá momentos complicados en los que sus integrantes verán comprometido su compromiso.

Ese es el momento del liderazgo.

Liderar es ayudar a los demás a descubrir su verdadero potencial. Es revelarles sus talentos cuando ellos no los ven. Liderar es la acción que permite transformar un equipo y hacerlo mucho más grande y mejor de lo que haya sido jamás.

Liderar es servir al equipo dándole ejemplo. Mis acciones y mi mentalidad al ponerme en acción los inspirará a actuar. Dar ese paso requiere coraje, pero yo lo tengo y estaré ahí. Y cuando no lo tenga lo desarrollaré.

Esconderse no es una opción. Cuando el equipo me necesite, estaré ahí para ellos.

Cuando renunciamos a nuestra capacidad de liderazgo, en realidad estamos abocando al equipo a depender del entorno. Si el equipo necesita a alguien que le active su estado emocional en una dirección, de algún sitio sacará esa energía: otro integrante del equipo, del entorno o de algún otro actor de la sociedad.

O simplemente será el azar quien tome ese sitio. Ninguna de esas opciones tiene tan claro como yo qué es lo que hay que hacer.

No permitiré que una mal entendida timidez me lleve a ocultarme en el grueso del equipo y a no destacar para no tener que tomar responsabilidades y ser criticado. Es cierto que erigirse como protagonista puede ser mal interpretado, pero, si no lo hago yo, otro tomará mi lugar. Haré que mi humildad y mi ejemplo hablen por mí.

No debo rechazar jamás la posibilidad de servir con todos mis talentos al equipo, no debo perder la oportunidad que se presenta en mi carrera.

El mundo necesita referentes en tu ámbito. El mundo te necesita a ti.

¿Cómo lo haré?

En primer lugar, me lideraré a mí mismo. Siempre mantendré elevado y oportuno mi estado emocional y no permitiré que ningún obstáculo me haga decaer.

Así, dirigiré el enfoque de su atención hacia los aspectos positivos y que dependan de ellos. Haré que crean más en sí mismos y que se vean en plenitud de recursos. Y lo mejor es que esta búsqueda de los aspectos positivos me mantendrá a mí positivo.

Estimularé su diálogo interno para potenciar su autoestima. Generaré su deseo de crecer, de convertirse en quienes están destinados a ser, y de ser grandes. Haré que se vean grandes antes incluso de que lo sean o de que ellos perciban que pueden serlo. De esta manera les revelaré ante su propio carácter.

Les mostraré el camino no solo del espíritu, sino también de las acciones concretas que deben realizar y me preocuparé de su capacidad para realizarlas.

Los retaré a que amplíen su contribución hacia el equipo, la familia y, en definitiva, hacia la sociedad.

Y por encima de todo seré un ejemplo viviente de lo que les diga. Mantendré siempre elevada mi expectativa de lo que soy capaz de hacer y mi presencia inspirará a los demás a pensar igual.

Cuando mi equipo, mi familia o mis amigos estén en un momento bajo, siempre encontrarán en mí un punto de apoyo para volver a creer en ellos mismos.

Seré un ejemplo de altas aspiraciones. Y seré un ejemplo de actuar en consecuencia.

¿Qué obtendré?

Por el hecho de tener que ayudarlos a enfocarse en los aspectos positivos, por el hecho de buscar razones positivas, yo mismo viviré inmerso en ellas y mi estado emocional no decaerá nunca.

Ofrecerme como el líder no solo me ayudará a servir al colectivo, sino que me facilitará el crecimiento hacia nuevos aspectos de la personalidad que yacen latentes en mí y esperan a ser llamados.

Todos tenemos la capacidad de hacer ese regalo a nuestra gente. Es nuestro deber aceptar el desafío. En los momentos de zozobra podrán confiar en mí. Yo les revelaré el camino para que ellos puedan crecer y resolver los obstáculos que los detienen momentáneamente.

MÁS: trabajaré duro en mí mismo para ser el primer cambio y así podré generar ese cambio en los demás. Estaré atento a quien necesite de mi apoyo.

MENOS: evitaré esconderme ante los retos. Hablaré del futuro compartido con entusiasmo.

15.
París

A principios del mes de abril se iba a decidir qué equipos jugarían la final, pero para ello había que superar un último escollo, un último equipo, el de París. El equipo se desplazó el día antes a París para evitar cualquier contratiempo. La noche era fría y había llovido. Pol salió a dar un paseo alrededor del hotel cuando los fans ya se habían marchado. El paseo por las calles de adoquines mojados era agradable. Nadie lo conocía, como sí que sucedía en su ciudad, así que, abrigado, paseó con Johan y David hasta una pequeña cuesta desde la que se divisaba casi toda la ciudad. La vista del Sagrado Corazón y de la Torre Eiffel iluminados le recordó a su lugar favorito de Barcelona, desde el que se divisaba toda la ciudad, e imaginó qué estarían haciendo sus habitantes en ese momento y pensó en si al día siguiente verían el partido. Su partido.

Siempre había pensado que iría a esa ciudad por primera vez con una chica. Sin embargo, el destino le había jugado esta carta. Aunque, a decir verdad, la semifinal de la Copa de Europa le parecía la única alternativa justa a una chica.

* * *

Al día siguiente, antes de salir para el estadio, los jugadores se reunieron con el entrenador para revisar el plan de partido. Una vez en la calle, el ambiente en París era de auténtica fiesta. Durante el trayecto del hotel al estadio se cruzaron con un elevado número de aficionados que lucían los colores de la bandera francesa y del equipo de París. Estaba claro que iba a ser un partido difícil.

Al llegar al vestuario y antes de cambiarse, el entrenador tomó la palabra.

—Los dos partidos que nos quedan contra este equipo son muy importantes. Todos lo sabéis. Pero quiero llamaros la atención acerca del de hoy —inició la charla—. Si salimos pensando que tenemos la opción del partido de vuelta, lo más probable es que volvamos con una goleada. Tenemos que concentrarnos solo en el ahora. Como si mañana no existiese. Nos jugamos la final de la Copa de Europa hoy. No hay partido de vuelta.

Los jugadores miraban atentos al entrenador y de vez en cuando se miraban entre ellos.

—Cuando juegas una eliminatoria fuera de casa, tu mentalidad tiene que ser que te la juegas toda a una carta —insistió—. El partido lo es todo y solamente pensamos en el final en los últimos cinco minutos. El resto del partido solo pensamos en ganar —ordenó—. No pensamos en el después. Recordad la última eliminatoria, casi perdimos por jugar mal fuera de casa.

Los jugadores se removieron incómodos al recordar el tropiezo de Roma.

—El equipo francés es un gran equipo. Juegan en casa y con el público a su favor nos pueden ganar, no os voy a engañar. Por esa razón tenemos que salir a ganar. Si se ponen por delante en el marcador, no pensemos que tenemos el partido de vuelta para remontar. Tenemos que ir a por el partido, hoy —dijo, y recalcó la palabra «hoy».

Dejó que las palabras surtieran efecto.

—Si pensamos en los errores que cometemos, nos ganarán, si pensamos que ya los remontaremos, nos ganarán. La única manera de salir con un buen resultado de aquí es pensando que la eliminatoria es a un partido, y que se juega hoy.

El encuentro se jugó de poder a poder y, gracias a la concentración de todos los jugadores del equipo, lograron volver a casa con un meritorio empate dos a dos. Esta vez fueron David y Alan los goleadores.

Una vez en el avión de regreso a Barcelona, Pol se sumergió en un duermevela reflexivo.

«Es cierto —pensó—. Cuando te enfocas en el momento presente, no hay distracciones, no hay estrés, no hay nervios. Tienes que limitarte a pensar y fluir. No vale de nada lamentarse por el pasado. Si acaso, se aprende del pasado, pero traer el pasado al presente no sirve de nada, ya que no podemos cambiar lo que pasó. En cambio, podemos crear hoy algo nuevo que destruya o minimice lo que ocurrió.»

«De la misma manera, no vale demasiado pensar en el futuro, a no ser que sea para ilusionarnos por lo que vendrá.

Sin embargo, pensar ahora en el futuro evita que emprendamos la acción, y sin acción no hay resultados ni objetivos alcanzados», siguió filosofando.

«Además, pensar en el futuro te enfoca a pensar en las consecuencias de lo que estás haciendo, y eso no solo te quita de pensar correctamente en hoy, sino que te crea la sensación de ansiedad por lo que puede venir», fue su último razonamiento antes de caer dormido.

Posiblemente porque el día había sido tan intenso, le costó mantener el sueño. De repente se despertó con la cabeza llena de momentos e ideas. Fuera, al mirar por la ventana, podía divisar el oscuro paisaje nocturno salpicado de puntos luminosos abajo en la tierra. Los cientos de pequeños pueblos que se divisaban desde París hasta Barcelona y que estaban llenos de personas con sus propias vidas. Se sintió inmensamente agradecido por el extraordinario presente y el brillante futuro que intuía ante sí, así que sacó su libreta de la pequeña mochila que llevaba y empezó a escribir.

EL PODER DEL PRESENTE

Demasiadas veces nos lamentamos por los errores del ayer y nos quejamos de lo que pudo haber sido. Demasiadas veces nos instalamos en el futuro y empezamos a planificarlo imaginando que algún día volcaremos toda nuestra intensidad en nuestros sueños. Pero cada vez que lo hacemos despreciamos el único momento que tenemos para mejorar el pasado y crear el futuro: ese momento es el presente, el ahora.

Es más fácil soñar que actuar. No afrontar los problemas ahora nos evade de ellos y nos trae tranquilidad a corto plazo. Nos conformamos con imaginar que lo resolveremos en un futuro y rehuimos el compromiso de tomar decisiones.

Sin embargo, los problemas no se resuelven solos. Solamente si me enfoco en el momento presente y le cedo toda mi concentración al ahora, podré resolver o hacer algo por mi futuro. Además, vivir enfocado en los resultados que se producirán suele ser una gran fuente de estrés, con el agravante de que estar enfocado en el futuro hace que no haga nada en el presente.

Viviré el presente como si fuese lo único que tengo.

Vivir en el presente no significa aceptarlo sin más, sin querer cambiarlo. No significa rechazar los proyectos posibles, sino precisamente todo lo contrario, porque nos situamos en la parte del proyecto que debe ocuparnos hoy. La parte que lo hará posible.

Entonces, ¿qué puedo hacer?

Usaré mi poder de enfocar la atención y la concentración para estar presente en el presente.

Ofreceré el regalo de mi presencia a todo el mundo: a mi familia, a mis amigos, a mis compañeros del equipo y, en general, a cualquier persona que se acerque a mí. De esta manera llenaré su corazón y su día de alegría.

Olvidaré el pasado, pero no sus aprendizajes. Evitaré traer sus incomodidades al presente a no ser que sea una estrategia para impulsarme a actuar.

Echaré un vistazo breve al futuro para mantener el rumbo, pero volveré rápidamente al ahora para actuar y llevar adecuadamente el timón. Los problemas solo se resuelven ahora, no en el futuro.

Cuando algún pensamiento de lo que tiene que venir, o de lo que haya pasado, me parezca inútil, lo dejaré pasar. Contemplaré cómo se esfuma en mi presencia y regresaré al momento para vivir.

Agradeceré los momentos duros del presente por el conflicto interior que generan. Ese conflicto es necesario para vivir y crecer.

Viviré el presente porque es lo único que tengo.

De esta manera...

Estaré presente con los míos y gozaré hoy y aquí con ellos. Nuestra vida es el presente. No vivirlo es renunciar a vivir. Los momentos que realmente vivimos son aquellos que vivimos con entusiasmo, alegría y amor, y esas serán las emociones que guiarán mis días.

De hecho, la mejor manera de crear el futuro es hacerlo en el hoy, en el ahora.

Viviré el presente y sobre él construiré mi vida.

MÁS: cuando estar presente me resulte incómodo, recordaré que ese es justo el momento de la verdad, en el que los sueños se empiezan a hacer realidad. Si me escapo, se desvanecerán.

MENOS: evitaré escapar del dolor de actuar. Dejaré de estar por estar. Al contrario, viviré como nunca el presente.

* * *

El partido de vuelta supuso de nuevo toda una fiesta en la ciudad. El público, que había aprendido perfectamente su papel en la eliminatoria anterior, los llevó en volandas hasta el final del partido. Un partido casi perfecto les permitió alzarse con la victoria por tres a cero. Pol tuvo de nuevo un papel destacadísimo, pues consiguió dos de los tres goles. Volvía a estar en boca de todos. Volvía a ver el mundo desde su mejor versión. Todo lo que estaba escribiendo en la libreta le estaba sirviendo. A menudo leía y releía sus anotaciones y las corregía y ampliaba. Definitivamente, cada uno de los textos de su libreta se habían convertido en hábitos para él, de manera que reaccionaba de forma automática ante las diferentes situaciones y tomaba siempre las decisiones más favorables a los intereses del equipo.

16.
La liga / Respeto

El pase a la final de la Champions League supuso un subidón de energía durante los siguientes partidos. Quedaban tres partidos y, si simplemente ganaban uno de ellos, iban a proclamarse matemáticamente campeones del campeonato nacional.

Todo el equipo pensaba que cuanto antes lo consiguiesen mejor podrían prepararse para la final de la Copa de Europa, que ese año tenía lugar en Londres.

Pero, antes de eso, al equipo todavía le quedaba una importante lección que aprender.

El equipo se desplazó a Gijón con la posibilidad de ganar la liga en ese partido. Todos los jugadores salieron mentalizados y estuvieron dominando toda la primera parte del encuentro. El equipo de Gijón no iba a poner las cosas nada fáciles, ya que, si perdían el partido, iban a descender matemáticamente a la segunda división, y eso suponía un enorme problema para todos esos jugadores. Así, durante el encuentro, en el minuto treinta y nueve de la primera parte Johan consiguió, después de una buena jugada colectiva, el primer gol del partido.

La dinámica siguió igual durante la segunda parte. Aunque el equipo de Pol dominaba, el equipo de Gijón no se daba en absoluto por vencido. No fue casualidad, entonces, que un error en el último minuto del partido les costara un gol y que el partido acabara en empate. Todos se quedaron helados, pues pensaban ya en la celebración de regreso a casa, pero el equipo rival se jugaba el descenso y su pelea hasta el final obtuvo su premio.

A la salida del vestuario, Johan y Pol conversaron en el trayecto hasta el autocar.

–¿Será posible? –se lamentó Pol–. Mira que lo teníamos cerca, y en el último instante lo hemos dejado escapar.

–Todo cuesta más de lo que parece –se resignaba Johan.

–Sí, claro, pero es que estábamos ya a punto... ¡Por un minuto!

–Ya, pero los partidos duran hasta el final, ¡este es un ejemplo claro! –le recordó Johan.

–Sí, sí, hasta que no pita el árbitro no se acaba el partido.

–Yo aún diría más: hasta que no te has duchado el partido no se ha acabado. Porque, si mientras te retiras del campo se te ocurre decirle alguna cosa inapropiada al rival o al árbitro, y este lo hace constar en el acta del partido, te pueden sancionar y te pasarás dos partidos sin poder jugar, así que el partido realmente se acaba después de la ducha –le aleccionó Johan, que rememoraba algún incidente que preferiría olvidar.

–Tienes razón –admitió Pol con una carcajada.

–Mira, Pol, hay una cosa que debes aprender y es a respetar siempre al rival.

Pol lo miró sorprendido.

—¡Yo siempre lo respeto! —exclamó—. Jamás me río o me meto con ellos, eso es educación.

—Ya, ya —asintió Johan—, no me refiero a ese respeto, que ya sé que normalmente lo tenemos. Me refiero a otra cosa.

—¿A qué? —preguntó Pol extrañado.

—Escucha, en el otro equipo hay personas, vidas, sentimientos, luchan por sus familias… El rival te permite mejorar, eso ya lo sabes, pero el rival también tiene sus momentos —le explicó Johan.

—¿A qué te refieres?

—¿Qué crees que le habría pasado hoy al rival si hubiese perdido?

—Ufff —bufó Pol—, ¡se iban directos a segunda!

—¿Y eso qué habría supuesto? —preguntó Johan.

—Hombre, pues durísimo —reconoció Pol.

—¡Pues claro! ¡Ellos tenían más que perder que nosotros que ganar! Aunque en nuestro caso fuese la liga. ¿Sabes? En estos partidos de final de temporada en los que los equipos rivales prácticamente se juegan su supervivencia, los partidos más difíciles son contra los equipos de la parte de abajo de la clasificación. Ellos jamás se van a rendir durante el partido.

—¡Es cierto! —asintió Pol.

—Pues a ese respeto me refiero —recalcó Johan—. Cuando un equipo está en esa situación, va a estar siempre enchufado al partido y creo que nosotros no lo tuvimos en cuenta.

—Creo que te entiendo —reconoció Pol—, y además creo que tienes razón. Ahora una semana más de tensión.

—No te preocupes, Pol. Nos irá bien de cara a mantener la tensión hasta el final de temporada.

La semana siguiente recibieron en casa al equipo de Burgos. Esa vez no iban a permitir que ocurriese lo mismo, así que, en cuanto consiguieron el primer gol, a mitad de la primera parte, siguieron apretando para marcar otro y no quedar a expensas de lo que pudiese suceder al final. El dos a cero de la media parte acabó siendo un cuatro a cero y el pitido final dio paso a una inmensa alegría colectiva del público y del equipo.

Esa noche tuvieron la fiesta de celebración del título. Como siempre pasaba en las celebraciones, las familias acompañaban a los jugadores.

Después de cenar vinieron los parlamentos. Con la condición de que fuesen breves, les tocó hablar al entrenador, al capitán y al novato del equipo, que era Pol.

—Enhorabuena a todos por la victoria, chicos. Pero ya os he hablado mucho durante el año, así que me permitiréis que les hable a otras personas ahora —empezó el míster—. En primer lugar, gracias, presidente, y también a toda la junta directiva por el apoyo que nos habéis prestado durante todo el año. Espero que nuestra complicidad se extienda y se amplíe todo el año que viene. En segundo lugar, quiero dar las gracias a nuestras familias. Este ha sido un año de muchos viajes, tensión y presión. Sin vuestro apoyo habría sido imposible. Gracias por estar siempre a nuestro lado.

Levantó entonces la copa de cava y todos brindaron por primera vez.

–Yo también quiero dar las gracias a nuestras familias, a la junta directiva y, sobre todo, a todo el equipo. Este es mi último año con vosotros –les recordó Johan–, y tengo que reconocer que ha sido un año inmejorable. El año que viene voy a estar jugando en los Estados Unidos y espero poder contagiarlos de la misma pasión que he sentido todos estos años con vosotros. Gracias de todo corazón.

Y brindaron por segunda vez.

Ahora le tocaba a Pol y, aunque empezó nervioso, poco a poco su breve discurso ganó velocidad.

–Ni en el más disparatado de mis sueños habría podido imaginar que mi primer año con vosotros podía ser algo así. Quiero daros las gracias a todos por vuestro apoyo. Al presidente, a la directiva y al míster por confiar a principio de año en mí. A mi familia por haberme aguantado durante todo el año. No ha sido fácil y vuestro apoyo lo ha hecho más fácil. Y, sobre todo, quiero daros las gracias a vosotros, compañeros, por lo mucho que me habéis ayudado y puteado. –Y miró de reojo a Jimmy, que esbozó una sonrisa y cerró los ojos como asintiendo–. Creo que todo lo que habéis hecho me ha ayudado a crecer.

Y brindaron por tercera vez.

El último partido de liga fue anecdótico. El equipo empató en Mallorca y todos se dispusieron a preparar la final de la Champions League.

17.
Londres

Pol durmió plácidamente la noche antes del viaje. Visualizó muchos de los escenarios que esperaba encontrar. Las aficiones, el sonido del público, la emoción del partido, incluso vio cómo el encuentro se decantaba a su favor y acababan ganando. Todo parecía ir sobre ruedas.

Llegaron a Londres el día antes del partido y, tras un paso rápido por el hotel para dejar el equipaje, se fueron directamente a entrenar en el mismo estadio donde al día siguiente iban a jugar el partido más importante de su vida hasta aquel momento.

En el camino desde el hotel hasta el estadio de Wembley pudo ver a miles de aficionados que ya el día antes habían invadido pacíficamente la ciudad. Jamás podría haber imaginado que tanta gente se iba a desplazar para verlos jugar.

Johan iba sentado detrás de él en el autocar.

—¿Qué te parece? —le preguntó—. ¿Has visto cuánta gente ha venido a verte? —bromeó.

—Ja, ja, ja —rio Pol—. No vienen por mí, ¡vienen por el equipo!

–Sí, es cierto, vienen por el equipo, pero, como tú estás dentro del equipo, también vienen por ti... y por mí...

–¿Lo dices para presionarme? –volvió a bromear Pol.

–No, lo digo para que veas la gran responsabilidad que asumimos al ser deportistas de élite. Decenas de miles de personas van a desplazarse, dejar todo lo que tienen en sus hogares y, durante dos días, van a vivir pendientes de lo que hacemos durante noventa minutos. Y en todo el mundo millones de personas van a estar pendientes de este partido.

–¡Guau! Es cierto. Johan, no les podemos fallar.

–Cierto, Pol. Podemos ganar o perder, pero no podemos dejar de darlo todo. Tanto en el campo como en estos dos días que estaremos aquí. Para mí será mi última final en Europa como jugador, pero a ti seguramente te quedarán unas cuantas, así que mañana vas a ganar seguro.

–¿Seguro? –se sorprendió Pol.

–Sí. Siempre se gana en las finales. Si ganas el partido, ganas el título y la copa; si pierdes el partido, y eres listo, aprendes a ganar finales. A veces hay que perder varias finales para ganar la primera.

–¡Oh! –exclamó Pol–. Es mi primera final, ¿eso quiere decir que perderemos?

–No –rio Johan–, ¡tranquilo! Yo he jugado ya algunas y, además, perdí la final del último Mundial que jugué, así que tengo muy claro lo que hay que hacer mañana para ganar.

Pol respiró aliviado.

De repente, un grupo de fans de su equipo se había plantado delante del autobús y, mientras ondeaban sus banderas, los animaban y sacaban fotos. En la acera de enfrente, otro numeroso grupo de *supporters* rivales estaba también ondeando las banderas de su equipo y cantando sus canciones de ánimo. Solamente cincuenta metros más allá, en la terraza de un bar, había animadores de las dos aficiones sacándose fotos conjuntamente e intercambiándose las bufandas.

«Es increíble lo que mueve el deporte –pensó, y se sintió afortunado y responsabilizado por toda esa gente que había venido–. Tenemos que conseguir que regresen a sus casas pensando que venir ha valido la pena.»

–Mira, Pol –continuó Johan–. En nuestra vida coexisten dos historias, la que vivimos cada día y escribe nuestra vida y la que sale en los libros. La primera es nuestra rutina, es la historia con hache minúscula, pero hay momentos en que esa historia se convierte en Historia. Mañana se va a producir uno de esos momentos. Esa es la Historia con hache mayúscula. Si ganamos, entraremos en ella.

* * *

El día del partido siguieron la rutina de siempre. Comentaron el planteamiento en el hotel y se desplazaron hacia el estadio de Wembley y los jugadores hablaron acerca del partido y de las consignas que el míster había dado en el hotel.

Al salir al terreno de juego, un rugido atronador le recordó la importancia de lo que iba a ocurrir. El público de la grada enloqueció. Las banderas y las bufandas empezaron a ondear. Un mar de sensaciones invadió a los jugadores, presagio de lo que iba a acontecer esa tarde-noche.

Mientras estaban posando para la foto de la prensa, de repente empezaron a surgir del fondo del campo que ocupaban los seguidores del equipo de Liverpool los cánticos de ánimo. En un instante, las gradas se convirtieron en un altavoz gigantesco y el estadio literalmente tembló. La afición de Barcelona, en reverente silencio, escuchó y, al acabar la inglesa, entonaron el himno del club a capela.

Pol jamás había asistido a algo igual.

Miró a Johan y le dijo:

—¿Has visto el ambiente? ¡Es increíble!

—Increíble, ¿verdad? —le respondió Johan—. Nunca olvides que nosotros jugamos para ellos. Sin ellos, todo esto no tiene sentido.

No hubo tiempo para más. Una vez dispuestos los jugadores en el campo, el silbato del árbitro lo silenció todo. «A partir de ahora —pensó Pol—, solamente la pelota, la portería, mis compañeros y los rivales. Y la hierba.» Ese olor de hierba mojada que era el mejor fuel para Pol. El simple olor de la hierba era suficiente para que las ganas de correr, correr y correr no se acabasen nunca.

La primera parte fue intensa. El conjunto inglés sometió a una fuerte presión al equipo y, en cuanto tenía la pelota, corría hacia delante sin pensarlo. El equipo de Johan y Pol, en cambio, en cuanto recuperaban la pelota la mantenían hasta posicionarse y luego desencadenaban la secuencia de pases hasta que llegaban al área. En este toma y daca, a los diecisiete minutos el equipo inglés se adelantó.

El encuentro siguió con la misma tónica hasta que en el minuto cuarenta y cuatro una escapada de Alan por la derecha acabó en un centro que remató Johan, casi sin ángulo, y que entró por encima de la cabeza del sorprendido portero inglés, que jamás habría esperado que Johan llegase a ese balón. Johan era el único capaz de marcar goles así. La media parte llegó en un minuto.

Ese gol reactivó los ánimos de todo el equipo. La charla del vestuario sirvió para corregir un par de situaciones, pero estaba claro que el partido iba a ser incómodo y complicado.

–Venga, muchachos. ¡Vamos bien, vamos bien!

–El público no parará de animarnos.

–Normal, para ellos es un día que jamás olvidarán.

–No –dijo Johan–, no lo olvidarán jamás, porque nosotros vamos a salir ahora y nuestra lucha, nuestro coraje y nuestro corazón harán que jamás lo olviden. Quizás olviden la mayoría de nuestros nombres, pero lo que les hagamos sentir hoy, eso quedará en sus corazones para siempre.

18.
Campeones

Los primeros treinta minutos de la segunda parte fueron menos intensos. El dominio del juego corría a cargo del equipo de Pol, pero, en cuanto los ingleses recuperaban el balón, corrían hacia delante, lo que los obligaba a replegarse rápidamente si no podían quitarles rápidamente el balón al poco de perderlo.

En los últimos quince minutos, el partido se aceleró. Los dos equipos, conscientes de que quedaban pocos minutos, empezaron a jugar más directos a portería. De repente, una acción hizo reaccionar al público del equipo de Pol. Tres jugadores consecutivos lucharon por el balón sin apenas posibilidad de salvarlo, pero con su coraje y pundonor consiguieron salvarlo. Eso hizo reaccionar al público y, en consecuencia, el equipo reaccionó también. El público se animó y empezaron a gritar desde el fondo del campo en que estaba su afición. La gente se puso en pie y empezó a corear los nombres de los jugadores. Estos se miraron entre ellos y se conjuraron para ganar ese partido.

Con el partido a punto de acabar, en el minuto ochenta

y nueve, el equipo inglés cometió una falta cerca de la parte derecha de su área grande. La falta estaba señalada justo a cinco metros del borde del área, a la izquierda del ataque del equipo de Pol, quizá demasiado esquinada para lanzar directamente. Johan, David y Pol se encontraban a tres metros del balón, aunque todo el mundo esperaba el disparo directo de Johan. El árbitro colocó la barrera defensiva que se interponía entre la pelota y la portería y se separó del lugar para ver mejor toda la jugada.

Sonó el silbato.

Johan se dirigió hacia el balón, pero, en lugar de golpearlo, pasó por encima y se dirigió hacia la barrera de defensores. Pol inició entonces la carrera hacia el balón para golpearlo y a escasos centímetros de la pelota chocó con David, que había intentado hacer lo mismo.

Se quedaron mirándose con ademán de sorpresa mientras la barrera y el resto de los jugadores se quedaron atónitos y sin reaccionar.

Pasó un segundo eterno.

Entonces, David, con el pie izquierdo justo debajo del balón, lo lanzó en parábola por encima de la barrera ante la sorpresa de todo el mundo y la pelota aterrizó en el pie de Johan, que, aprovechando el desconcierto, se había colocado a la altura de la barrera y en ese momento ya la había sobrepasado por detrás.

Johan se dio la vuelta y se quedó solo delante del portero. Lo regateó hacia su derecha y levantó la pierna derecha para empujar la pelota suavemente hacia la portería justo en el momento en que el defensa central del rival le golpeó en la pierna izquierda, por detrás, y lo derribó.

Desde el suelo, Johan gritó. En la caída, el brazo de Johan había quedado justo encima del balón y este, al rodar, le había dislocado el hombro. Johan no paraba de lamentarse del dolor.

El balón quedó a un metro escaso de la portería y el árbitro señaló penalti.

Las asistencias médicas salieron a por Johan y le recolocaron el hombro en un momento, pero el dolor era insoportable y no podía lanzar el penalti.

Pol se dirigió a por el balón. Lo agarró mientras pensaba: «Me he preparado para este momento. Sé lo que tengo que hacer».

«Hazlo. Simplemente hazlo», retumbaba en su diálogo interior.

Su mirada se dirigió entonces hacia el banquillo, buscando la aprobación del entrenador. El míster, que conocía las horas que Pol había estado practicando estos lanzamientos después de los entrenamientos, asintió con la cabeza.

A continuación, miró a Johan, que se estaba dirigiendo hacia el fondo del campo, con los médicos y con el brazo derecho doblado y vendado. Mientras, con el dedo índice de su mano izquierda dibujaba en el aire un triángulo para Pol, que le hizo pensar en el truco del cono.

Pol colocó el balón en el punto de penalti y se separó unos cinco metros.

El árbitro hizo sonar el silbato y Pol miró al lado derecho

de la portería y después al lado izquierdo, para no dar pistas al portero. Aunque no estaban ahí, vio los dos conos tal como los imaginaba siempre. Cerró un momento los ojos para imaginar la trayectoria del balón y cómo entraba justo por la derecha derribando el cono y estrellándose en la red por el interior. Abrió los ojos y se dirigió directo al balón. Lo golpeó con dureza y la pelota entró en la portería, a su derecha, como una exhalación, haciendo inútil la estirada del portero, que había adivinado la intención.

Pol se quedó petrificado, inmóvil. El estruendo del grito de los seguidores le hizo reaccionar, se dio la vuelta y tan solo tuvo un segundo para ver cómo todos sus compañeros se lanzaban sobre él para derribarlo de alegría y felicitarlo.

Pol sintió en esos momentos que su cuerpo le estallaba de felicidad. Con todo el equipo sobre él, le parecía volar. Solamente volvió en sí cuando sus compañeros lo levantaron y, una vez de pie, se dirigió corriendo hacia Johan, que estaba en la banda, ya vendado, junto al resto de los compañeros, y se fundió en un abrazo con él.

No hubo ni tiempo de reanudar el partido. El árbitro señaló el final. Eran los nuevos campeones de Europa.

19.
El secreto

La cena de celebración oficial fue la siguiente noche, ya en su ciudad. Antes de la cena, en la terraza del restaurante donde tenía lugar, Pol y Johan conversaron animadamente.

–¡Mira la luna, Johan! Me encanta mirarla algunas noches desde la terraza de casa –comentó Pol–. A veces pienso que una temporada es como un viaje a la Luna. Requiere un montón de preparación, claridad en el trayecto, reajustar constantemente el rumbo y llevar un montón de motivación, ¡uy!, quiero decir de combustible para ir y después volver –sentenció haciendo el símil de que la motivación era como el combustible para dar energía al cohete.

–En un artículo leí que cuando mandaron al hombre a la Luna el ochenta por ciento del combustible se gastó para sacar al Apolo XI de la órbita terrestre. Que luego ya fue fácil –comentó Johan sin darle importancia.

–¿Qué quieres decir? –se extrañó Pol con el comentario.

–Que también es un buen símil para lo que ha sido esta temporada. Desde principio de año hemos ido cambiando los hábitos que nos han hecho merecedores de los títulos, y cambiar un hábito es así de difícil –le aclaró Johan–. Muy difícil al principio, porque nuestra cabeza tiende a repetir los mismos patrones de conducta si no le decimos lo contrario. Es como cuando conduces a casa de tus padres, que viven en la otra punta de la ciudad, y si te despistas cinco segundos, te encuentras viniendo a entrenar.

–Ja, ja, ja, me ha ocurrido un montón de veces –reconoció Pol.

–¿Sabes? Creo que los hábitos son igual de importantes que el talento y la motivación.

–¿En serio?

–Es que en realidad se trata de tu capacidad para usar tu talento y tu motivación sin tener que pensar en ellos –le explicó Johan, haciendo énfasis en la palabra «tú».

Johan seguía contemplando la luna con una mirada soñadora.

–Por cierto, hablando de hábitos, siempre te veo escribiendo en una libreta, ¿de qué se trata? –se interesó Johan.

–Ah, es una tarea que me puso el profesor de inglés. Voy apuntando las cosas que voy aprendiendo –le explicó Pol.

–¿Me la dejas ver?

–¡Sí, claro! –Pol abrió su bolsa y le tendió la libreta.

Johan la hojeó por encima.

–¡Qué interesante, has escrito prácticamente durante todo el año! Puedo recordar la mayoría de esas charlas –comentó sonriendo.

–Sí, nunca podré agradecerte lo que me has enseñado este año –dijo Pol.

−No te preocupes, Pol. Simplemente haz lo mismo si alguna vez crees que tú puedes ayudar a alguien.

Johan le devolvió el cuaderno.

−Por cierto −prosiguió−, te falta una página. La que explique cómo usar esta libreta −le indicó Johan−. Todo lo que pones es interesante, pero es realmente útil cuando puedes usarlo sin pensar, es decir, cuando se ha convertido en un hábito. Como lo que nosotros tuvimos que aprender durante el año para dar el salto de nivel que nos permitiese ganar la Copa de Europa.

−Es cierto −reconoció Pol.

−No te olvides de esa página. Es la que dará sentido al trabajo.

−Lo haré, descuida. Había pensado en leer cada semana alguna página y pensar en ello.

Johan clavó en él una mirada, como si acabara de explicar un chiste malísimo y sin gracia.

−Ufff, ¿cómo crees que jugaríamos si entrenásemos una vez a la semana? −le preguntó a Pol.

−Bueno, pues no muy bien, una vez a la semana es poco.

−Pues estamos en lo mismo −recalcó Johan−. Si quieres cambiar de hábitos, una vez a la semana no basta, tiene que ser cada día, y un par de veces como mínimo.

−¿Dos veces? −se sorprendió Pol.

−¡Claro! Los hábitos tienen un gran poder sobre nosotros. Liberan el pensamiento de lo básico para permitirnos centrarnos en lo importante −le explicó el capitán−. ¿Cuántas veces repetimos los movimientos de balón en los entrenamientos hasta que los interiorizamos?

–Ufff, cientos…, claro… Además, cada vez que lo repetimos aprendemos a usarlo en momentos diferentes.

–Pues no hará falta que leas cien veces cada página, pero tres veces cada día durante tres semanas, seguro –le aconsejó Johan–. Como en el entrenamiento, de vez en cuando, te darás cuenta de que absorbes esos aprendizajes a un nivel superior, más complejo, y que van formando parte de tu personalidad en los diferentes ámbitos de tu vida. Por eso, tres semanas con cada idea.

–Bueno, pues ya tengo trabajo, señor profesor, aunque prácticamente me sé las páginas de memoria. He reflexionado mucho antes de escribirlas.

–No lo dudo, el cambio que has hecho este año te ha convertido en el líder que puedes ser –lo animó Johan–. Piensa que lo único que se interpone entre tú y el futuro que quieras son tus hábitos. No es tu talento ni tu motivación, que los tienes, sino tus hábitos.

–Anda, calla, que me vas a emocionar –bromeó Pol.

–Ja, ja, ja, ja –rio Johan–. Entremos otra vez a celebrarlo con los demás.

Cuando llegó a casa se puso a dormir, pero a la mañana siguiente, con una buena taza de café, pensó en las palabras que le había dicho Johan acerca de los hábitos y se puso a escribir en la segunda página de la libreta, que precisamente había dejado en blanco como hacía siempre con las libretas nuevas.

Esta es una revelación que poca gente conoce, pero que puede cambiar nuestra vida si la ponemos en práctica: los seres humanos tenemos dos fuentes de energía, nuestro poder de enfocar la atención y nuestros hábitos.

Mientras que la capacidad de enfocar la atención nos permite acceder a nuestro mejor día, a nuestro mejor aprovechamiento de todos los recursos, la realidad es que la mayor parte del tiempo somos esclavos de nuestros hábitos. Ellos son, en realidad, los responsables de nuestro rendimiento y, por lo tanto, de nuestros logros en la vida.

En efecto, no podemos estar pendientes todo el día de usar la motivación. A la larga se va desgastando, así que es mucho más inteligente trabajar sobre los hábitos. Elevar nuestros hábitos es lo que nos garantizará un óptimo aprovechamiento de nuestros talentos la mayor parte de la jornada.

Igual que un deportista se hace maestro de su deporte a base de la repetición de sus habilidades varias veces al día, integrar nuevos hábitos de comportamiento se puede realizar de la misma manera.

En esta libreta están los aprendizajes que he tenido que convertir en hábitos para crear un equipo campeón. Son hábitos que hemos trabajado diariamente durante meses y cuya recompensa ha sido bañada por las emociones de la victoria constantemente. Pues ese es el secreto para adquirir cada uno de los hábitos descritos aquí.

Esto es lo que hay que hacer durante tres semanas, cada día, para cambiar tus hábitos y para que se conviertan en parte de tu propia naturaleza y los utilices en el día a día, sin tener que pensar en ellos:

1. Al levantarte por la mañana, leerás el hábito correspondiente para que te guíe durante el día.

2. Lo leerás de nuevo a mediodía, por si el día te ha distraído de ir recordándolo.

3. Lo leerás otra vez por la noche, un rato antes de acostarte, para repasar cómo ha influido en tu día a día y cómo te ha ayudado a tomar decisiones basadas en este nuevo hábito.

4. Por lo menos una de las veces deberíamos hacerlo en voz alta, con entonación, para informar a la mente de la energía que tenemos que poner en juego.

5. Debemos disponer de una libreta para escribir los pensamientos propios que se apliquen exactamente a nuestra situación concreta.

Estos son los pasos que, repetidos durante veintiún días con cada texto, podrán cambiar tu manera de responder automáticamente a los retos que la vida te lanza cada día.

20.
El viaje

Unos días después de la final, los entrenamientos ya habían acabado. De repente parecía que los días eran más largos. Un mes de vacaciones se extendía ante él. Ahora, las únicas cosas que acabar eran el curso de inglés y las dos asignaturas a las que se había matriculado en la universidad.

Ese martes era la penúltima clase en el Instituto de Estudios Norteamericanos y tocaba entregar la libreta. Le sabía mal desprenderse de ella. Ahí dentro estaban todos los aprendizajes del año y el resumen de todas las conversaciones que había mantenido con Johan. Podía revivir uno a uno los momentos y los lugares donde había escrito y pensó que eran incontables las veces en que había llegado a leer cada una de las páginas.

En cuanto entró en el vestíbulo del Instituto, le impregnó ese olor a lápiz de madera que hacen todas las escuelas y le vinieron a la mente las imágenes de sus correrías por el patio del colegio, con su bata blanca y azul a rayas. Así ensoñado, llegó al fondo del *hall*, tomó el único ascensor que había y se plantó en un momento en la cuarta planta. Cuando entró en la clase, la mitad de sus compañeros ya estaban allí.

Todos estaban bromeando excepto Ricky, que estaba acabando de redactar la última página de su diario.

—Al final no he aprendido demasiado —dijo—, porque estoy escribiendo la última página en el último minuto..., como siempre..., todo a última hora.

—Ja, ja, ja, ja, ja, ja —empezaron a reír todos—, eres incorregible.

Justo en ese momento, Dave entró en clase y se contagió de la risa de todos. Dave había sido un profesor completamente diferente al profesor de inglés que había tenido en la escuela. En lugar de seguir un libro de texto, las clases estaban basadas en actividades que surgían de los artículos, fotocopias y revistas que Dave traía cada día. Aunque a Pol las clases le parecían más informales, estaba convencido de que había aprendido mucho más y, sobre todo, de manera más divertida. Todo parecía un juego.

—Veo que lo estáis pasando bien ya —les comentó.

La clase fue bajando el tono del murmullo hasta que quedaron en silencio.

—Ya sabéis que hoy tenéis que entregarme vuestro cuaderno. ¿Lo habéis traído todos?

Todos sacaron su libreta y la enseñaron orgullosos ante los demás. Todos, incluso Ricky.

—¿Alguien quiere hacer algún comentario?

Gina, una enamorada de la moda y de la ropa, levantó la mano y dijo:

—Yo me he dedicado a ir por los diferentes barrios de la ciudad y me he fijado en el estilo y el tipo de ropa que usa la gente. Es impresionante ver cómo hay varias ciudades dentro de la misma ciudad. ¿Sabéis que hay barrios en que la gente solamente usa dos o tres colores para vestir?

–Yo hice lo mismo con los coches y pasa algo parecido –dijo Albert, que era el novio de Gina, y, al parecer, habían aprovechado muchas tardes para estar juntos y escribir sus cuadernos.

–Bien, veo que escribir os ha hecho tomar conciencia de la realidad en la que vivís. Me alegro –dijo Dave–. Ese era el objetivo. Haceros pensar.

Levantó las cejas y golpeó con el dedo índice derecho varias veces su cabeza, sin dejar de sonreír.

–Cuando escribes, piensas –prosiguió–. Pensar es fácil, pero el hecho de tener que escribir te exige concentración y tener claridad de ideas sobre lo que estás pensando.

Miró a Pol, como esperando que este comentase algo acerca de la libreta, y, antes de que tomase la palabra, le dijo:

–Pol, tengo muchas ganas de leer tu diario. Con el año que habéis tenido con el equipo, ¡debe ser muy interesante!

–Lo cierto es que ha sido un año increíble y poder anotar las cosas que me ocurrían me ha servido para saber qué hacer y, sobre todo, qué no hay que hacer. He aprendido que, aunque la motivación y la pasión son imprescindibles, son los hábitos los que construyen a las personas extraordinarias.

–Bien, entregadme las libretas y os las devolveré, corregidas, el próximo jueves.

Acabada la clase, bajó veloz para ir a la agencia de viajes que había apenas dos puertas más allá del Instituto. A los pocos minutos, salía de la agencia con su billete de ida y vuelta para Atlanta el martes siguiente.

Ese mediodía había quedado con sus hermanas para comer. Su madre había cocinado y un buen plato de pasta le esperaba.

Sentados los cuatro en la mesa de la cocina, sonó el teléfono. Como todos pensaban, era su padre desde Atlanta, que siempre llamaba a esa hora, justo cuando se levantaba. Su madre contestó al teléfono y, después de un par de minutos de ponerse al día, se lo pasó a Pol.

—Toma —le dijo—, papá quiere hablar contigo.

Pol agarró el teléfono y, sin esperar, le dijo que ya tenía los billetes.

—Hola, papá. Ya tengo los billetes. Vengo a través de París: Barcelona-París y París-Atlanta. Tendré que madrugar, pero a mediodía ya estaré ahí.

—Oh, genial —dijo su padre—, para esto te llamaba. Ha surgido una complicación de última hora.

—¿Qué me dices?

—Escucha, Pol, el próximo martes no estaré en Atlanta. Me ha salido una reunión en Wilmington, en Carolina del Norte, y tengo que estar ahí toda la semana.

—¡Oh, vaya, qué mal rollo! Ahora ya tengo los billetes —replicó Pol decepcionado.

—No, no te preocupes. La ciudad tiene aeropuerto y puedes comprar un billete para un vuelo interior y no te llevará más de un par de horas llegar hasta Wilmington.

—Buena idea —reconoció Pol mientras recuperaba la sonrisa–. En cuanto llegue te llamo para que me recojas o alquilo un coche y me acerco.

–No, tranquilo, Pol. Yo ya tendré un coche alquilado, así que no hace falta que tú alquiles uno. Simplemente toma el autobús que cruza la ciudad y te dejará en el centro. De ahí hasta mi hotel serán solamente cinco minutos andando.

–Bien, pues eso haré. El autobús será perfecto.

Desde que había estado escribiendo en la libreta, Pol se había vuelto todavía más curioso y pensó que el autobús sería incluso mejor. No era su primera vez en los Estados Unidos y le fascinaba una sociedad y un paisaje urbano muy diferente del concepto de la ciudad en la que vivía. Ahora disfrutaba de cada momento de su vida. Cada anuncio de la calle, cada pareja hablando, cada sensación provocada por la temperatura, los olores…, había aprendido a ver, leer y sentir todo lo que le ocurría y todo lo transformaba en algún motivo para estar ilusionado y para estar más motivado. Al final, esa era la gran lección de esa libreta que había escrito.

La clase del jueves siguiente sirvió para cerrar el año. Dave devolvió las libretas corregidas a todos y se despidió hasta el año siguiente.

21.
Wilmington

El viaje había sido largo y agotador. Desde Barcelona no había vuelos directos hasta Atlanta y había tenido que volar hasta París para enlazar con un vuelo hasta la ciudad norteamericana y desde allí esperar la conexión hasta Wilmington. Habían sido muchas horas de avión y de espera en los aeropuertos, que había podido compensar en parte con el sueño reparador mientras sobrevolaba el Atlántico. El autobús de línea que partía del aeropuerto recorría un largo trayecto antes de entrar en la ciudad. Cruzaba un barrio lleno de centros escolares e institutos que estaba abarrotado de los típicos autobuses amarillos del transporte escolar, a los que subían las chicas y los chicos que volvían a casa. No podía dejar de pensar cómo le explicaría a su padre todo lo que había aprendido y sobre todo escrito en su libreta, que siempre iba con él.

Pol vio la siguiente parada de lejos. Para su sorpresa, había cinco chicos, parecía que bromeando entre ellos, esperando el autobús. Le extrañó que no fueran con el transporte escolar, pero supuso que debían vivir en alguna zona adonde este no llegaba. Subieron los cinco.

Uno de ellos, con el pelo muy corto y que botaba un balón de baloncesto, apenas miraba otra cosa que no fuese el suelo y no dejaba de hacer gestos de negación con la cabeza. Se sentó justo delante de Pol. Ni el autobús ni el asfalto tenían su mejor día, de manera que, desde que había subido, el traqueteo del bus le molestaba, así como el bote del balón, que, incesante, golpeaba el suelo.

–¿Cómo que no estoy? ¿Cómo que no estoy? –llegaba a los oídos de Pol–. Mañana voy a hablar con él. ¡El baloncesto es mi vida! –repetía una y otra vez el muchacho sin dejar de botar el balón y mientras negaba con la cabeza baja.

Pol se levantó y se acercó a la puerta de salida con la maleta pequeña y la mochila que formaban su equipaje. Si no se había despistado, la siguiente parada era la suya. Había pasado todo el trayecto absorto repasando la libreta y recordando cada uno de los pasajes escritos. Prácticamente se la sabía de memoria.

De pie ante la puerta seguía absorto en sus páginas, sin darse cuenta de que estaba cada vez más cerca de su parada y sin tocar el timbre para avisar al conductor. Por suerte para Pol, el chófer miró por el retrovisor interior y se dio cuenta de que iba despistado, de manera que frenó y le avisó de que esa era la suya. Con prisas introdujo la libreta en la parte superior de la mochila, pero no la cerró.

Justo cuando se disponía a bajar, al muchacho que estaba sentado delante suyo se le escapó la pelota y, mientras descendía los tres peldaños del autobús, esta se cruzó en su camino, lo hizo tropezar e hizo que se cayera de bruces contra el suelo, mochila, maleta y Pol.

El muchacho se levantó corriendo y se disculpó al instante.

—Lo siento, lo siento… Es que…, lo siento…

Pol se levantó del suelo y se sacudió un poco el polvo. Por suerte había caído encima de su propia maleta y no tenía ni un rasguño. «Menudo futbolista de primera división —pensó divertido—. Hasta un balón es capaz de ponerme la zancadilla.»

—No te preocupes —lo tranquilizó mientras recogía la pelota y se la pasaba al muchacho—. No te preocupes. Estoy bien. —Le guiñó el ojo, se dio la vuelta y se alejó.

Con el balón entre las manos, el chico vio cómo las puertas se cerraban y dejaban a la vista, en el segundo escalón, una libreta roja. Se agachó, la recogió e intentó avisar a Pol, que se alejaba en dirección contraria a la que se dirigía el autobús.

—¡Eh, señor, señor, se le cayó la libreta, señor…! —le gritó.

Pol, que no se había dado ni cuenta, se despidió del muchacho con la mano y continuó su camino mientras pensaba ilusionado en su próximo encuentro con su padre.

El muchacho, intrigado, abrió la libreta y empezó a leer, todavía de pie al lado de la puerta.

«... El fracaso solamente existe cuando te das por vencido. El fracaso es simplemente un mal resultado a partir del cual puedes convertirte en alguien mejor. Trabajando duro las cosas se arreglan, depende de tu voluntad. No es tan importante lo que ocurre, sino cómo te lo tomas y lo que haces para darle la vuelta. A veces caerte es irremediable, pero casi siempre es una lección. Levántate y pregúntate por qué has caído para que eso no te vuelva a suceder...»

Parecía escrito para él. Hojeó el resto de las páginas y guardó la libreta en su mochila. «Cuando llegue a casa la leeré, parece interesante», pensó.

22.
Madurez

Pol esperó a su padre en la cafetería del hotel.
El encuentro fue bonito. Su padre lucía esa sonrisa de orgullo que se le dibujaba cada vez que lo veía. Se fundieron en un abrazo que duró lo que pareció una eternidad.

–Pol, ¡estoy muy contento de verte! –lo saludó su padre.

–Y yo, papá, ni te lo imaginas.

–Venga, siéntate, seguro que tienes un montón de cosas que explicarme.

–Oh, sí, ha sido increíble. ¡Qué bonito es ganar! –dijo Pol–. Y a ti, ¿cómo te van las cosas?

–Pues lo cierto es que van muy bien –explicó su padre–. La compañía crece y, aunque hay momentos de todo, estoy contento. Dirijo a un grupo de catorce comerciales y nosotros tenemos también nuestra propia Champions. –Los dos soltaron una carcajada–. Pero, en lugar de marcar goles, firmamos contratos.

El padre pasó el brazo por encima del hombro de Pol, le agarró la maleta y se sentaron en una mesa de la cafetería. Una vez instalados y con un par de vasos de limonada helada en la mano, volvieron a los temas importantes.

—Venga, explícame, ¿qué ha sido lo mejor del año, la liga, la Champions? ¿Cuál es el mejor de los dos trofeos que has ganado? —le interrogó su padre.

—Pues lo cierto es que ganar es bonito —reconoció Pol—. Pero lo mejor del año no es lo que hemos ganado, sino en quién me he convertido.

—Vaya, creía que eras futbolista y resulta que te has vuelto filósofo —replicó su padre con una gran sonrisa.

—No, en serio, papá, ganar está muy bien, pero sin todo lo que he aprendido durante el año habría sido imposible —le explicó Pol—. Las cosas no se ganan porque sí, no se trata de hacer un partido increíble un día, sino de hacerlo una vez y repetirlo cada domingo.

—¿Todos los días jugasteis como en la final? —se sorprendió su padre.

—No, pero lo intentamos. Intentarlo cada día lo hizo fácil en los días difíciles.

—No te acabo de entender. Pero ¿qué tal si salimos a estirar las piernas?

Dejaron la maleta en la habitación y se dirigieron con calma a un parque cercano al hotel, que les ofreció la sombra de los árboles para un paseo agradable.

—¿Sabes que estuve a punto de dejar de jugar? —le preguntó Pol.

—Sí, me acuerdo de que me lo comentaste.

—Pues a raíz de esa crisis, y de un trabajo escolar, fui anotando todo lo que aprendía en una libreta.

—A ver, explícame.

—¿Sabes lo importante que es la ambición, papá? —Pues claro —contestó su padre—, hoy en día parece que solo vale ser el primero.

—Sí, pero, si piensas en ser el primero, sueles estresarte. La ambición no es solo eso, papá. La ambición significa tratar de ser mejor cada día. Tener objetivos grandes sirve sobre todo para aprender a activar todos tus recursos. Si no somos ambiciosos, ¿para qué vamos a desarrollar lo que podemos ser? En cambio, cuando luchas por ser mejor cada día, creces, y cuando creces, puedes conseguir lo que quieras.

—Vaya, eso es profundo —reconoció su padre, sorprendido por la madurez de su hijo—. Pero ¿no crees que el año que viene os va a pesar un poco haber ganado este año? Quiero decir que quizás ya no tendréis tanta ambición.

—Pues sin duda que nos va a pasar —reconoció Pol—. Ya me lo dijo Johan cuando llegué al primer equipo. En cuanto crees que has llegado, empiezas a bajar, porque empiezas a pensar que ganas porque eres bueno, en lugar de ganar por el trabajo que le pones a tu talento. Sin duda va a ser uno de los aspectos en los que tendremos que trabajar.

—No será fácil.

—No, no lo será —siguió Pol—, por eso debemos perseguir la excelencia y vivir el presente, es decir, tratar cada día como único y concentrarnos solo en él. Ni en el pasado, por bueno que haya sido, ni en lo que viene, porque eso va a depender en gran medida de lo que hagamos hoy. Centrarnos en el ahora y darlo todo.

—Ya veo, Pol, que te has convertido en alguien diferente —le dijo mientras lo miraba con cara de admiración.

–¿Sabes? He aprendido a ir motivado siempre a entrenar.

–¿En serio? Mira que hay días en que es difícil. A mí me gusta mi trabajo, pero hay días en que preferiría no levantarme de la cama.

–Claro, a mí también me pasa –reconoció Pol–. Pero tengo tres estrategias, y una de ellas siempre funciona.

–A ver, dime –le dijo su padre con interés.

–Pues normalmente pienso en el próximo partido –explicó Pol–. Pensar en que el rival también se está preparando, y puede que más que nosotros, suele funcionar enseguida. No me gusta perder, así que las ganas de ganar y de acercarnos al título de liga o de Champions me motivan para ir a entrenar y para entrenar a tope.

–¿Y te funciona siempre? –se interesó su padre.

–Bueno. Para cuando falla, tengo una segunda estrategia. Cuando no puedo más pienso en nuestros aficionados. ¿Sabes que vienen más de ochenta mil personas a vernos jugar? ¡Gente que deja todas sus cosas y viene a vernos! ¡No puedo fallarles! ¡Lo dejan todo!

–¡Sí! Aquí, en los Estados Unidos, pasa lo mismo con el baloncesto, el béisbol y el fútbol americano. El deporte realmente mueve masas.

Siguieron paseando bajo los árboles y disfrutando de la ligera brisa que se había levantado y que hacía más llevadero el calor de la tarde.

–Vale, los partidos y los trofeos, la gente… y te falta uno –le recordó su padre.

—Sí, el tercero es mi último recurso, lo uso los días en que lo demás no funciona.

—¿Cuál es? —insistió su padre.

—Las derrotas.

—¿Te motiva perder? —se sorprendió el padre.

—No, me motiva haber perdido. Me motiva no volver a fallarle a la gente, no fallarte a ti, a mamá, a mis hermanas, a mis compañeros, a los aficionados... —le explicó Pol—. Me motiva lo mal que lo pasé cuando casi perdimos la liga por un fallo mío. Me motiva no ser capaz de mejorar todo lo que puedo mejorar, y todo por no tomarme el entrenamiento en serio.

—¡Vaya! Creo que te exiges demasiado.

—Papá, aprender a ganar es aprender eso. Cualquiera puede jugar al fútbol, competir solo lo hacen los que se lo toman en serio, pero jugar a ganar, eso va más allá de todo eso. Ganar supone desarrollar una obsesión sana por decidir llegar a ser quien puedes ser y jugar con el corazón a partir de ahí.

—Venga, vamos a comer algo —sugirió su padre al ver que la conversación tomaba un tono demasiado serio.

No se habían dado cuenta y se había hecho la hora de cenar.

Acabaron el paseo y entraron en uno de los restaurantes italianos del centro de la ciudad, apenas a cinco minutos andando del hotel. Pol había dejado su maleta ahí, pero seguía llevando su pequeña mochila con él.

Una vez sentados, siguieron su conversación.

—Papá, trabajas en la empresa de refrescos más importante del mundo.

—Sí, es cierto.

—Estáis en todos los países, ¡vosotros también jugáis la Champions! Ja, ja, ja.

—Sí, eso parece.

—Pues seguro que trabajar en equipo es importante.

—Pues sí... Y aquí también tenemos a nuestro equipo. Pero ¿sabes, Pol? No solo es importante que cada departamento trabaje como un equipo, es igual o más importante que los diferentes departamentos también trabajen como equipos: el de *marketing* conjuntamente con el de ventas y el de ventas con el de producción, porque son los comerciales los que están más en contacto con la gente y al final saben lo que esta quiere.

—Pues sí, parece que la gente, vuestros clientes, son como nuestro público, que viene a vernos...

—¿Sabes? El míster siempre nos dice que la verdadera medida de nuestro éxito está en lo orgulloso que abandona el público el estadio después de vernos jugar.

—Ya, me gustaría que mis clientes estuviesen orgullosos de nosotros..., y eso, ¿cómo se consigue que se conviertan en fans?

—Pues se trata más de la entrega que del talento. Lo que hace que vuelvan un domingo tras otro es, claro, que jugamos bien y ganamos, pero lo que más les gusta es que ven que luchamos por una pelota casi perdida o que perseguimos al que nos la ha quitado hasta que la recuperamos. ¿Y sabes por qué es así? —preguntó Pol.

—A ver, dime... —lo animó su padre mientras hacía un ademán de interés con la mano.

—Pues porque el talento lo admiran, pero luchar puede hacerlo todo el mundo. Es ahí donde se quedan atrapados. Nuestro ejemplo de entrega es lo que ellos trasladan después a sus vidas. Cuando salimos del partido y nos los encontramos camino del autocar o del coche —siguió contando Pol—, cuando puedes mirarlos directamente a los ojos y en tu mirada ven que tú estás ahí para ellos. En ese momento se produce.

—Por lo que dices, ¡parece que salís cada partido motivados a darlo todo! Eso es muy difícil. Siempre hay momentos altos y bajos... Lo veo difícil para aplicarlo al día a día. Nuestra gente no siempre está motivada.

—Ya, papá, ni nosotros tampoco, por eso usamos un cortocircuito a la motivación.

—A ver..., ¡explícame eso!

—Los hábitos, papá, el secreto está en los hábitos. Reaccionar con honestidad siendo buena persona, mostrar coraje ante las decisiones importantes, ayudar a los demás a enfocar positivamente las situaciones..., todo lo que hacemos lo convertimos primero en hábito —explicó Pol.

Hizo una pausa mientras bebía un poco para refrescar la garganta.

—Usamos la motivación y la fuerza de voluntad durante los entrenamientos para crear estos hábitos —prosiguió—. De esa manera, cuando salimos a jugar, cuando competimos, esos hábitos se convierten en nuestro rendimiento mínimo y a partir de ahí lo construimos todo.

Volvió a dar otro trago.

–Cada momento de la temporada pide una mejor versión de nosotros, pide que crezcamos, pero me he dado cuenta de que cada momento de crecimiento es, en realidad, una evolución hacia mejor de nuestros hábitos. Todo cambio es siempre un cambio de hábitos.

–¿Y todo esto lo escribiste en una libreta? Creo que te la voy a pedir para copiarla y pasarle una copia a cada uno de mis comerciales –le dijo su padre entusiasmado–. Y a mis compañeros directivos también. Al final, el fútbol se parece tanto a la vida…

–Sí, solo que nosotros metemos goles y vosotros firmáis contratos –concluyó Pol con una carcajada.

Fue a buscarla, pero entonces se dio cuenta de que la había perdido. De repente le vino la imagen del muchacho que lo saludaba desde el autobús.

«¡Oh! ¡No me saludaba! –pensó Pol–. ¡Me estaba enseñando la libreta! Bueno, en realidad me la sé de memoria, espero que le sirva a él igual que me sirvió a mí durante todo el año.»

23.
Michael

El camino hasta casa fue un calvario. ¿Cómo podía ser que el año siguiente no jugase en el equipo principal del instituto? ¿Cómo podía ser?

No hacía ni una hora que Michael se acababa de llevar la mayor decepción de su vida. No podía dejar de pensar en ello. Ese era el día en que se publicaban los nombres de los jugadores que debían estar en cada uno de los equipos de baloncesto del instituto público de Wilmington. Aunque él era de segundo año y había jugadores de tercero y cuarto mayores que él, estaba convencido de que su nombre estaría en el equipo principal. «Así podré entrenar y competir con los jugadores mayores y voy a progresar más», pensaba. Sus posibilidades de ir a la Universidad de Carolina del Norte pasaban, según creía, por hacer un buen papel con el equipo principal del instituto. Si ahí destacaba, seguro que le ofrecían una plaza. Y de la universidad a la NBA, su gran sueño.

Sin embargo, al llegar al tablero de anuncios del entrenador de baloncesto, Michael vio su nombre escrito en la lista de los jugadores del segundo equipo. El mundo, su mundo, se le vino encima.

El bus llegó a su parada y el muchacho descendió y caminó con desgana y cabizbajo las dos manzanas de casas que le separaban de su hogar. Su hermano mayor estaba jugando, como cada tarde cuando llegaba, en la canasta que tenían en el patio delantero.

—¡Hola, Michael! —lo saludó—. ¿Jugamos un rato?

Su hermano le tendió la pelota para invitarlo a jugar como siempre. Se pasaban horas jugando en el patio, hasta que su madre les llamaba para cenar. Jugar con su hermano era su pasatiempo favorito cuando no estaba en el instituto o entrenando con su equipo. Su hermano era mayor que él y le enseñaba todo lo que sabía.

Pero esa vez no tenía ningunas ganas de jugar.

Cruzó el patio y se fue directo a su habitación. Al pasar por el pasillo ni siquiera saludó a su madre, que estaba en la cocina, preparando como cada día la cena. Subió la escalera. Entró en su habitación y cerró de un portazo. Entre sollozos dejó la pelota, la mochila y se tumbó en la cama. «No puede ser, no puede ser.» Así estuvo durante veinticinco minutos. «No puede ser.»

En su cabeza retumbaban dos cosas: la lista colgada en el vestuario sin su nombre y las primeras frases de la libreta que había perdido el muchacho del autobús. Dejó de llorar, abrió la libreta y la empezó a leer, desde el principio.

«Quiero ser mejor cada día.

No me importa lo que los demás piensen de mí. No me importan los obstáculos que me pongan por delante. Nadie va a decidir hasta dónde voy a llegar porque sé que eso depende principalmente de mí...

... Ahora veo que, en la vida, podemos tener lo que queramos si estamos dispuestos a pagar un único precio: crecer. Y yo estoy dispuesto a pagarlo.

... Todos tenemos un talento especial, pero solo lo encontraremos cuando nos enfrentemos a un reto lo suficientemente grande para ponerlo todo en juego y obligarle a que se revele.

A veces es un reto y a veces es una decepción, pero estoy determinado con mi futuro y nada me detendrá.

En el momento en que nos enfrentamos al reto, nos transformamos en alguien más útil para nuestra gente, para nuestro equipo y al final para la sociedad. Esa es la gran recompensa de la ambición y la razón por la que debe ser promovida. La ambición sana de querer ser más, no de tener más...»

Debía llevar media libreta leída y su cara y semblante habían cambiado. Parecía que los textos estuviesen escritos para él. Cada página llenaba su mente de ideas nuevas, de principios sólidos en los que apenas había reparado.

Cada párrafo lo dejaba absorto. Se imaginaba jugando, compitiendo, ganando. Se veía en pabellones llenos de gente, rodeado de sus compañeros de equipo, de los fans, de su familia...

De repente, tres golpes en la puerta lo sacaron de la lectura y escuchó la voz de su madre.

–Michael, venga, va, baja a cenar. La cena está lista.

El muchacho no podía dejar de leer la libreta. Su cabeza empezaba a ver algo, algo claro. «Esta libreta, esta libreta... tengo que leerla. Aquí está la solución, no solo para el año que viene, sino para el resto de los años que le seguirán...»

Su madre abrió la puerta y le dijo de nuevo, esa vez con una sonrisa en la boca:

–Michael, por favor, ¿puedes bajar a cenar? Te estamos esperando para empezar.

Michael esbozó una ligera sonrisa, guardó la libreta roja bajo la almohada y, tras secarse las lágrimas, bajó a cenar con el resto de la familia.

SI TE HA GUSTADO EL LIBRO Y QUIERES
PROFUNDIZAR EN SUS ENSEÑANZAS,
VISITA:

www.lalibreta.net

PARA RECIBIR TU REGALO.

Su opinión es importante.
En futuras ediciones, estaremos encantados
de recoger sus comentarios sobre este libro.

Por favor, háganoslos llegar a través de nuestra web:

www.plataformaeditorial.com

Para adquirir nuestros títulos,
consulte con su librero habitual.

«¡Y qué bien entiendo ahora que al alcanzar
la madurez no hay un asunto más hermoso
para el hombre que su infancia pobre!»*
ALBERT CAMUS

«*I cannot live without books.*»
«No puedo vivir sin libros.»
THOMAS JEFFERSON

Desde 2013, Plataforma Editorial planta un árbol
por cada título publicado.

* Frase extraída de *Breviario de la dignidad humana* (Plataforma Editorial, 2013).